KB200586

하나님, 그래서 그러셨군요!

하나님,
그래서
그러셨군요!

신애라 지음

규장

신애라 집사님과《하나님의 숨결》을 통해 믿음의 여정을 같이하며 신앙과 삶을 나누는 시간이 있었습니다. 그때마다 집사님이 보여주시는 사명을 향한 확고한 목표 의식과 열정, 그 원동력이 궁금했습니다. 확고한 목표 의식을 가진 사람의 발걸음은 흔들림이 없습니다. 삶의 흔적을 톺아보며 하나님의 목적을 깨달은 집사님의 글을 읽으며 모든 궁금증이 풀렸습니다.

'아, 하나님, 그래서 그러셨군요!'

나를 향한 하나님의 목적을 알게 되면 지나온 인생이 그분의 놀라운 계획 아래 촘촘히 짜여 있었음을 고백하게 됩니다. 이 책을 읽는 독자 역시 찬찬히 삶을 돌아보는 집사님의 시선을 따라 나를 돌아보며 내 인생 속 하나님의 세심한 인도하심을 발견할 수 있기를 바랍니다.

김병삼 담임목사 | 만나교회

배우이며 작가인 차인표 집사님의 소설 몇 권을 선물 받아 읽으면서, 신애라 집사님도 책을 쓰기를 바랐는데, 드디어《하나님, 그래서 그러셨군요》출간 소식을 기쁜 마음으로 대합니다. 신애라 집사님의 미국 유학 시절, 베델교회에서 뵈었을 때, 유명 연예인을 만나는 설렘

이 있었습니다. 그런데 연예인에 대한 그 흔한 고정관념이 백 퍼센트 빗나갔습니다.

멋지면서도 소박하고, 눈부시면서도 순수한 모습이 같이 웃음과 눈물을 나눌 수 있는 믿음의 가족으로 다가왔지요. 선천적으로 좋은 성품이기도 하겠지만, 계속 교제하며 주님을 향한 사랑과 소외된 아이들에 대한 애틋한 마음이 느껴졌습니다.

이 책에 신 집사님이 '흔적'이라 표현한 말이 참 맞다고 생각합니다. 내가 의도한 건 '그림'이지만, 지나간 후 의도하지 않았는데, 남게 된 흔적, 그 뚜렷한 흔적은 제게는 하나님이 신 집사님을 통해 그려가고 계시는 걸작품으로 느껴집니다. 그녀의 순수하게 드러나는 인격은 있는 그대로 주님 앞에 나오는 진실함 때문일 겁니다. 그로 인해 우리 교회에도 입양 프로그램이 생기기 시작했지요.

집사님은 한국으로 돌아간 후에도 보육원 아이들을 우리 교회로 보내서 믿음 있는 행복한 가정을 경험하게 해주고, 교회의 다양한 프로그램에 동참하게 하는 사역도 시작했습니다.

책 속 그녀의 삶은 마치 하나님이 직접 연출하시는 작품 속에서 연기하는 배우처럼 보입니다. "하나님, 그래서 그러셨군요!"는 지난 후 남겨진 흔적을 보며 깨닫는 고백입니다. 살아온 시간의 진솔한 이야기의 퍼즐 조각들이 제자리를 찾아가듯 이 에세이는 한 편의 영화 같습니다.

신애라 집사님을 더 잘 알게 된 감동도 있지만, 하나님이 멋지게 그녀의 삶을 통해 역사하고 계심을 보며 감동을 받습니다. 미국 베델교회에 남겨두고 간 흔적도 '사랑'이었는데, 한국에서도 여전히 예수님을 사랑하는 믿음으로 매진함을 응원하며, 이 책을 추천합니다. 마음이 따뜻해지고, 감동 속에 눈물을 닦으며 웃고 있는 자신을 발견할 것입니다.

김한요 담임목사 | 미국 베델교회

애라 자매의 손을 눈여겨보신 적이 있나요?

컴패션 현지에서 아프리카 엄마의 삐쩍 마른 손을 덥석 잡고 기도하는 애라 자매의 손은 뜻밖에도 옛 어머니들 손처럼 수고와 애씀이 고스란히 새겨져 있었고, 또 놀라우리만치 강했습니다.

시원한 웃음소리와 다정하기 그지없는 애라 자매를 직접 대면하는 듯한 책입니다. 그 기도를 받고 힘을 얻던 엄마의 입장에 선 것 같은 기분이었습니다.

하나님께서는 이제 애라 자매를 '참 좋은 친구'로 더 깊이 소개해 주고 싶으신가 봅니다. 삶에 영감과 힘, 위로를 주고 꿈을 더해주는 좋은 친구, 애라 자매를 이 책에서 꼭 만나보시기를 축복합니다.

서정인 목사 | 한국컴패션 대표

"총장님, 제가 책을 썼는데 추천사를 써주시겠어요?"

나는 깜짝 놀랐다.

"아니, 쓰라는 논문은 안 쓰고 책을 썼다고…?"

신애라 선생과 대화할 기회만 있으면 아직도 "논문을 쓰고 박사 학위를 받으라!"라고 한다. 내게는 그녀가 여전히 히즈 대학(HIS University)의 '예비 박사'(Ph. D. Candidate)이기 때문이다.

그 바쁜 일정 중에 책을 썼다는 게 대견하고 놀랍다. 내가 그동안 논문을 쓰라고 은근히 자극을 주었는데 대답도 없더니….

추천사를 쓰기 위해 읽기 시작하자 식사 시간도 잊은 채 몇 시간 동안 꼬박 앉아 단숨에 읽고 말았다.

신애라 선생은 유학 와서 공부하는 중에도 누구를 만나든 "입양을 하라"라고 기회를 얻든지 못 얻든지 설득했다. 그녀는 외모만 아름다운 것이 아니라 내면은 더욱 아름다워 영성과 지성을 겸비한 매력적인 여성이며, 유학 와서 공부하는 수년 동안 성실하게 열심히 공부했을 뿐만 아니라 의사 전달 능력도 탁월했다.

저자가 자신의 삶의 흔적을 진술하고 열린 마음으로 나누는 이 설득력 있는 호소를 《하나님, 그래서 그러셨군요!》라는 책으로 쓴 이유는, 하나님께서 자기에게 맡겨주신 아름다운 일을 알리고 함께할 동역자를 만나기 위해서일 것이다. 그래서 그녀의 이 흔적은 끝이 아니라 새로운 시작이다. 그녀의 흔적 속에 이 책을 읽는 모든 독자가 함께 남겨질 것을 기대하며, 축복하며, 기도한다.

양은순 | HIS University 총장

늘 만날 때마다 화알짝 웃는 모습이 너무 예쁜 애라, 그 예쁜 웃음의 비밀을 만났다. 속이 예뻤다. 맘이 따뜻하다. 그래서 그 웃음 속에 사람을 편하게 하는 따뜻함이 흘러나온다. 책을 읽으면서 내내 울컥거렸다. 이런저런 인생의 아픈 기억도, 웃으면서 꺼내놓고 말하기 꺼려하는 입양도 (옛날에는 입양을 금기어처럼 쉬쉬거리던 시절이 있었다) 편하게 말하는 글 속에서 난 눈물이 흘렀다.

애라는 하나님의 사랑을 제대로 만났다. 그 사랑을 알아내고야 말았다. 그리고 살아내고 있다. 그래서 애라의 웃는 얼굴에선 향기가 나는 거였다.

글을 읽는 내내 웃는 애라가 나를 울렸다. 또 다른 힘든 세상이 애라 덕에 웃을 거 같다. 우리가 무심했던 또 다른 어두운 방의 문이 활짝 열려 빛이 들어오는 거 같아 나도 한번 씨익 웃어본다.

이성미 | 방송인

한 생명을 입양하는 것만큼 하나님의 마음을 더 깊이 깨닫는 일은 없을 것입니다. 피조물로서 하나님을 반역한 우리를 하나님께서 그리스도 안에서 자녀로 입양해 주셨기 때문입니다. 또한 한 생명을 입양하는 건 가정의 의미와 행복을 더 깊이 누리는 일입니다. 입양을 실천한 가정에는 남다른 삶의 깊이와 행복이 있습니다.

배우 신애라 씨는 남편과 더불어 두 아이를 입양하여 양육하고 있을 뿐 아니라, 여러 보육원을 찾아다니며 고아들을 돌보는 일에 힘쓰고 계십니다. 누군가에게는 엄청난 부담으로 여겨질 일을 매우 평범한 일상처럼 살아가고 있습니다. 때로 남편의 식사를 챙기는 일보다 보육원 아이들의 식사를 챙기는 일을 더 중요하게 여기기도 합니다. 이런 삶이 가능한 것은 하나님의 마음을 깊이 체험했기 때문일 것입니다.

'하나님, 그래서 그러셨군요!'라는 제목은 하나님의 마음을 체험하고 이해하는 고백입니다. 이 책은 하나님의 마음으로 일상에서 고아를 돌보고 입양을 통해 하나님나라를 세워가는 귀한 삶의 고백을 곁에서 전해 듣는 것 같은 재미와 감동이 넘칩니다. 많은 분에게 생명과 가정의 소중함을 더 깊이 깨닫게 하는 소중한 통로가 될 것을 확신하며 추천합니다.

이재훈 담임목사 | 온누리교회

책에 기록된 신애라 집사님 삶에 새겨진 흔적들을 읽으면서, 그것이 마치 '하나님의 지문' 같다고 생각했습니다. 모든 순간, 집사님의 삶이 하나님의 손에 있었고, 하나님께서 그 삶을 꼭 붙들고 놓지 않으셨기에 더욱 선명하고 깊게 새겨진 '하나님의 지문.' 그 흔적이 참 선합니다.

이 책을 읽으면서, '하나님의 사람 사랑하심'이 지금 이 사회에 얼마나 절실하게 필요한지 공감하며, 지금 내가 무엇을 할 수 있는지, 무엇을 해야 하는지 책장 넘기는 손을 멈추고 깊이 생각하게 됩니다.

이 책의 유익은 '하나님의 사람 사랑하심'이 단지 감정적이거나 추상적인 개념에 머물지 않고, 삶의 실천과 행동으로 드러날 수 있도록 구체적인 방향을 제시해 준다는 것입니다.

'나는 하나님의 은혜를 받은 사람입니다'라고 기꺼이 고백하는 사람. 그 은혜가 너무 귀해 가슴 벅찬 하루하루를 보내는 사람. 은혜를 무엇으로 보답할지 묻고 또 묻는 사람. 하나님의 선하심과 사람을 사랑하심이 이 사회에 더욱 깊고 선명하게 드러나길 소원하는 사람에게 이 책을 적극 추천합니다.

이지웅 목사 | 더바이블미니스트리 대표

제 머리에 남아 있는 저자의 이미지는 인기 연예인이지만 그럼에도 항상 겸손하게 자기 일을 해내는 선한 크리스천의 모습이었습니다.

간혹 TV 프로그램을 통해 어린아이들에게 깊은 관심을 보이는 모습이 귀하기도 했고요. 그런데 이 책을 보며 저자의 또 다른 모습을 보았습니다. 그동안 하나님께서 저자를 만지시고 이끄셨던 흔적을 하나하나 곱씹으며 '아, 하나님 그래서 그러셨군요!' 고백하는 모습, 그래서 더욱 그분이 기뻐하시는 일을 감당하고자 애쓰는 모습이 귀하고 아름답습니다.

특히 부모의 사랑 없이 자라야만 하는 아이들에 대한 저자의 안타까움과 지극한 사랑이 이 책 곳곳에 스며있고, 그 일을 위해 자신의 반생이 흘러왔음을 확신하는 부분에서 감탄하게 됩니다.

그녀는 부드럽고 잔잔하지만 강한 어조로 개인과 교회가 이 일에 함께하기를 청합니다. 꺼져가는 불꽃처럼 여리고 어린 생명들에게도 하나님의 놀랍고 크신 사랑이 스며들기를 간청합니다. 그 따뜻한 사랑이 배어 있는 귀한 책을 기쁘게 추천합니다.

이찬수 담임목사 | 분당우리교회

신애라 집사님을 보면서 '하나님의 말씀을 향한 목마름과 소외된 영혼들을 향한 특별한 사랑이 어디에서 온 것인가' 하는 물음이 있었는데, 이 책을 통해 그 답을 찾을 수 있었습니다. 하나님께 올려드리는 집사님의 아홉 가지 흔적을 대하며 책을 읽는 내내 말씀 한 구절이 계속 떠올랐습니다. "내가 부득불 자랑할진대 내가 약한 것을 자랑하리라"(고후 11:30). 하나님의 완전하심과 신실하심이 이 책 전체에 흐르는 이유가 여기 있습니다. 이 책을 통해 고백하시는 집사님의 거룩한 자랑이 하나님의 도구가 되어 이 땅에서 삶의 이유를 찾지 못하는 많은 이들에게 소망과 도전을 전해줄 것입니다. 이런 기대감으로 이 책을 기쁘게 추천합니다.

이태재 담임목사 | 순전한교회

추천의 글을 쓰기가 버거웠다. 책을 읽다가 문득 함께 울어야 할 아이를 만나는 일이 더 급하다는 생각에 사로잡힌다.

저자가 두 딸을 입양한 사실을 왜 그렇게 자주 입에 올렸는지를 알게 되면, 더 이상 가슴으로 출산하는 입양에 대한 편견은 불가능하다. 사실 누구든 그리스도의 사랑에 흠뻑 젖어들 때, 자신 또한 '십자가의 입양아'임을 깨닫지 않는가!

하나님께 입양되어 사랑 결핍증에서 벗어난 인생은 그러면… 어떻게 내가 '가고 싶은 길' 대신 '가야 할 길'을 가는 것일까?

'하나님, 그래서 그러셨군요!' 인생이 믿음으로 해석된 자의 경탄이자, 믿음의 사람들이 함께 '가야 할 길'의 표지판이다. 뜻밖에 그 표지판에는 천국으로 안내하는 어린아이들의 얼굴로 가득하다. "이 아이들에게 한 것이 곧 내게 한 것이다." 주의 음성이 함께 들린다.

조정민 목사 | 베이직교회

　신애라 님의 삶과 글에는 예수 그리스도의 복음이 그대로 녹아 있다. 아프도록 솔직한 실화들을 통해 종교 생활의 포장을 걷어내고, 하나님의 자녀로 입양된 그리스도인들이 무슨 일을 하는 사람인지를 명확히 보여준다. 입양과 고아 사역은 참혹한 세상에서 하나님나라의 구원이 무엇인지 보여주는 가장 확실한 방법이다. 고아 같은 우리를 입양하신 하나님은 같은 방법으로 그분의 나라가 확장되기를 기대하신다.

　보호가 필요한 아동들에게 가족을 선물로 주는 복음 전도자 신애라 님의 삶의 자국은 바로 '예수님의 자국'이다. 이 책을 읽고 도전받을 수많은 사람과 함께 하나님나라의 입양 잔치를 꿈꾸어 본다. 우리도 또 다른 보호가 필요한 아동에게 "You are not alone"의 메시지와 가족을 선물로 줄 수 있는 복음 전도자가 되기를 기도한다.

　이 책을 읽으면서 나도 하나님께 입양된 그리스도인이라는 사실이 정말 기뻤다.

황주 담임목사 | 뉴저지 참빛교회, YANA USA co-founder

그러나 내가 나 된 것은

하나님의 은혜로 된 것이니

내게 주신 그의 은혜가 헛되지 아니하여

고전 15:10

하나님의 목적을 찾아서
내 삶의 흔적을 찾아서

　무언가 지나가거나 없어진 뒤에 남은 자취를 '흔적'이라 부르지
요. 바람은 모래언덕을, 파도는 해안선을 남기듯이 사람도 '삶'이
라는 여정을 통해 각자의 흔적을 남깁니다.
　오십 중반을 넘기면서 궁금해졌어요. 내가 남긴 발자취는 어
떤 모습일지. 하루하루 분주하게 살아가는데, 제대로 가고 있는
건지. "기독교는 방향성의 종교다"라는 설교를 들은 적이 있어요.
누구나 열심히 달려가고는 있지만, 그게 중요한 게 아니라 제대로
된 방향으로 가고 있는지가 중요하겠지요.

　'나는 누구이고, 내가 살아가는 목적은 무엇일까?'
　감사하게도 하나님은 제가 아주 조금은 깨달을 수 있게 도와
주셨습니다. 그래서 어릴 때는 상상할 수도 없었던 이 어려운 질
문에 대한 깨달음을 확인하고 정리하기 위해, 삶의 흔적을 더듬어
보려 합니다.

이 책을 읽으시는 분도 자신의 흔적을 돌아보는 시간이 되셨으면 좋겠어요. 그 시간을 통해 '지금의 내가 된 건 우연이 아니라, 목적을 정하고 이끄신 하나님의 은혜였다'라는 사실을 확인하길 바랍니다.

이 글은 자서전이나 '셀프 평전'이 아니에요. 굳이 이름을 붙이자면, 하나님께 드리는 '인생 전반기 보고서' 정도 될 것 같아요. 결국 인생의 흔적은 저를 통해 하나님이 남기신 은혜의 발자국이라고 생각합니다.

그럼, 지금부터 순간순간 저와 동행해 주신 그분의 흔적을 더듬어 보겠습니다. 앞이 안 보이는 캄캄한 길을 걸을 때, 때론 촛불처럼 희미하게, 때론 횃불처럼 뚜렷하게, 때론 해처럼 환하게 길을 밝혀주신 그분의 흔적을 찾아 아득한 기억 속으로 출발할게요.

이 과정을 통해 하나님이 가장 주목하시고, 특별히 우리에게 돌보라고 부탁하신, 가정에서 자라지 못하는 아이들을 향한 그분의 마음을 함께 나누고 싶습니다.

오랜 시간 인내하며 출간을 준비해 준 규장 출판사와 인터뷰를 정리하고 글을 만져준 편집 팀과 남편, 아무것도 아닌 제 글을 읽어주는 바로 당신, 그리고 우리와 동행하시고, 우리 모두를 사랑하사 선한 목적 아래로 이끌어 주시는 주님께 감사드립니다.

차례

다섯 번째 흔적

여섯 번째 흔적

일곱 번째 흔적

여덟 번째 흔적

아홉 번째 흔적 ─ 혼자가 아니라는 흔적

나가는 말

첫 번째 흔적

2022년 12월 9일
아동복지시설 봉사자들
대학생 아들과 소설가 남편
'야나'와 동명 보육원
예수님의 은혜와 진리
자매
버려진 아이

2022년 12월 9일

오전 여섯 시, 눈을 뜨고 보니 알람이 울리기 직전이다. 남편이 깰까, 알람을 끄고 거실로 나와 큐티와 체조를 한다. 삼십 분쯤 지나니 남편이 침실에서 나와 아침 인사를 한다. 우리는 활짝 웃으며 "잘 잤어?" 하고 인사한다.

얼마 전 남편이 어느 프로그램에 나가서 "아내가 매일 아침 환하게 웃으며 인사를 해준다. 그게 고맙다"라고 했다. 그걸 보며 '내가?' 하고 반문했다. 그건 요즘 내가 남편에게 고맙게 여기는 부분이기 때문이다. 남편은 나만큼 잘 웃는 편이 아니다. 워낙 잘 웃는 나는 평소처럼 웃은 건데, 그런 날 보며 바뀌려 노력하는 남편에게 오히려 내가 고맙다.

이 이야기를 하면 듣던 대로 천생연분 잉꼬부부라며 감탄하는 사람도 있을 것이다. 그런데 진짜 아니다. 우리의 지금 모습은 전적으로 하나님의 은혜다.

남편은 곧장 주방으로 가서 커피를 내린다. 요즘 그는 간헐적

단식을 하고 있어서, 오전 열한 시가 될 때까지 물과 커피 외에 다른 음식은 섭취하지 않는다. 커피를 내린 후 큐티를 하고, 동네 체육관으로 향한다. 지난 몇 년간 변하지 않는 루틴이다.

남편 말로는 운동하기가 싫어서 아침 일찍 해치우는 거라고 하지만, 나는 그 말은 믿지 않는다. 운동은 남편에게 가장 친한 친구인 거 같다. 힘들거나 외로울 때, 심심하거나 우울할 때 그는 늘 홀로 운동으로 스트레스를 풀어왔다. 그 세월이 벌써 삼십 년이니 그에게 운동은 하루도 안 빠뜨리고 만나는 삼십 년 지기인 셈이다.

일곱 시가 되면 나는 큰딸을 깨우고, 또 이십 분쯤 후에는 작은딸을 깨운다. 자매가 한 화장실을 쓰기에 겹치지 않도록 시간차를 두는 것이다.

주방 발코니엔 과일이 한가득 있다. 올해는 사과가 풍년인지 종종 선물을 보내오는 지인들이 모두 사과를 보내주었다. 그 사실을 모르고 나도 한 상자를 배달시켜 사과 상자가 쌓여있다. 주변에 몇 알씩 나눠주는 기쁨도 누리고, 아침마다 내 입도 사과를 누린다.

어릴 때부터 이상하게도 나만을 위해 사과를 깎는 일은 별로 없었다. 물론 과일을 그다지 좋아하지 않는 탓도 있지만, 냉장고의 사과는 가족의 먹거리고 내 차례는 한참 뒤라는 이상한 청승이 있었던 것 같다. 아침을 잘 안 먹으려는 딸들을 위해 사과를 깎으며, 나도 먹고, 아몬드와 호두도 몇 알씩 집어 먹는다. 이로써 내 아침 식사도 끝이다.

오늘은 딸들을 학교에 데려다주고 돌아와 서둘러 외출 준비를 해야 한다. 고등학생, 중학생인 두 딸은 집에서 차로 십오 분 거리 학교에 다닌다. 자기들끼리 대중교통을 이용하기도 하지만 그러면 시간이 훨씬 오래 걸리기에, 별일이 없으면 내가 데려다준다.

아침 여덟 시, 딸들을 차에 태우고 주차장에서 나오면, 골목 길 모퉁이에 한 고등학생 남자아이가 서 있다. 딸들과 같은 학교에 다니는 친구인데, 우리 집에서 가까운 곳에 살아서 아침마다 함께 태우고 간다. 추우니까 길에 서 있지 말고 주차장에 들어와 기다리라고 해도 매번 길모퉁이에 서서 기다린다.

몇 주 전에는 이 아이도 사과 한 상자를 들고 서 있었다. 매일 데려다주어서 감사하다며 엄마가 가져다드리라고 했단다.

학교 가는 차 안에서 빵이나 과일을 주면, 딸들은 잘 안 먹는데 그 아이는 잘 먹는다. 인사성도 발라서 "와, 이건 그 유명한 ○○ 빵집 빵 아니에요? 제게 이 맛있는 빵을 주시다니 정말 감사합니다"라고 독특한 화법을 구사하며 맛있게 먹어준다. 나는 아이들을 내려주고 돌아와 빛의 속도로 외출 준비를 한다.

아동복지시설 종사자들

오전에는 아동권리보장원에서 주최하는 힐링캠프에 참여하러 광화문의 한 강연장을 찾았다.

사회복지사 중 아동복지시설에 종사하는 그룹홈[1] 원장님, 보육원 선생님과 심리 상담가 등 오십여 명이 모인 자리였다.

가정에서 자라지 못하는 아이들의 복지를 위해 애쓰는 이들의 노고가 이만저만이 아니다. 평소에는 아이들의 눈물을 닦아주지만, 오늘만큼은 누군가 자신들의 마음을 알아주길 바라는 마음으로 모였을 것이다.

나는 아동권리보장원의 홍보대사를 맡고 있는데, '브라더스키퍼'[2]의 김성민 대표가 이들에게 위로의 메시지를 전해달라고 부탁해서 오게 되었다.

한 사람, 한 사람을 바라보았다. 많이들 지쳐 보였다. 아이들을 돌보는 치열한 현장에서 힘을 소진한 이들에겐 재충전의 시간, 쉼과 회복이 절실히 필요하다. 보육사는 '엄마'의 역할이다. 엄마가 건강하고 행복해야 아이도 건강하고 행복할 수 있다. 물론 일반 엄마들과 다르게 보수가 따르는 일이긴 하다. 하지만 내가 낳

---

1 Group Home, 한 명의 관리인과 보호가 필요한 아이들 네다섯 명을 모아 가족처럼 살게 한 제도

2 보육원을 퇴소한 자립 청년들에게 일자리를 주기 위해 만들어진 사회적 기업

지도 않은 또래 아이 다섯에서 일곱 명을 한꺼번에 키우는 업무는 월급만 바라보고는 도저히 할 수 없는 일이다. 그래서 실제로 이 직률이 높은 직업이다.

이들은 생명을 지키는 소중한 일을 하고 있다. 우리가 구급차에 길을 비켜주고, 소방관에게 갈채를 보내듯 생명을 길러내는 이들에게도 치하와 위로가 필요하다.

지난 몇 주 동안 이들에게 어떤 위로를 건네야 할까, 고민했다. 그리고 오늘 '세상에서 가장 존귀한 직업, 엄마'라는 제목으로 조심스레 입을 뗐다. 요지는 이랬다.

"우리는 모두 상처받습니다. 내 식구만 챙기며 살아도 힘든 일투성인데, 하물며 상처 있는 아이들 여럿을 돌보는 여러분은 어떨까요. 그런데 알고 계세요? 여러분이 하는 일은 단순한 직업이 아니라는 사실을요. 누군가의 엄마가 되어주는 일은 결코 아무나 할 수 있는 일이 아닙니다. 하고 싶다고 할 수 있는 일도 아니고요. 그 일은 특별한 달란트를 가진 사람만이 할 수 있는 존귀한 일입니다. 소명이 없으면 선택할 수도, 지속할 수도 없는 일이지요. 소명은 직업보다 한 차원 높은 책임감과 선한 마음인데, 여러분이야말로 아이들을 키우는 일을 소명으로 삼는 귀한 분들입니다. 사람을 살려내는 여러분을 축복합니다."

메시지를 마친 후 마이크를 청중에게 돌려 질문과 의견을 받는 시간을 진행했다. 그중 한 그룹홈 원장님이 자신을 '여섯 아들의 결혼 안 한 엄마'라고 소개했다. 아이 하나 키우는 것도 온 힘을 들여야 하는 쉽지 않은 일인데, 여섯 아들의 엄마라니! 하지만 그녀는 그 자리의 누구보다 씩씩해 보였다. 힘 있는 말에서 아이들을 향한 사랑을 느낄 수 있었다.

또 보육원에서 일하는 한 심리 상담가가 말했다.

"저는 보육사와 아이들 사이의 조율이 너무 어려워 이 일을 해야 하나, 말아야 하나 갈림길에 서 있었어요. 그런데 이 시간을 계기로 계속해야겠다고 결정했습니다."

그러므로 내 사랑하는 형제들아

견실하며 흔들리지 말고

항상 주의 일에 더욱 힘쓰는 자들이 되라

이는 너희 수고가 주 안에서 헛되지 않은 줄 앎이라

고전 15:58

대학생 아들과 소설가 남편

오전 일과를 마치고, 옷을 갈아입으러 집에 돌아왔다. 오후에는 봉천동에 있는 동명 보육원에 가서 아이들과 시간을 보낼 예정이기에 편한 옷을 입어야 했다.

집에 들어가자, 아들 정민이가 나를 반겨주었다.

"엄마, 잘했지? 수고했어요."

한결같이 웃으며 날 안아주는 정민이는 1998년, 내가 낳은 우리 집 첫째다. 어렸을 때부터 음악을 좋아해서 진로를 일찍 정했고, 지금은 실용음악과 4학년에 재학 중이다.

누구나 그렇듯 첫 아이를 낳아 초보 부모가 된 나와 남편은 아들에게 최고의 교육을 해주고 싶었다. 정민이가 초등학교에 입학할 무렵, 서울의 한 명문 사립학교에 원서를 넣었는데, 당시 4 대 1의 추첨 경쟁에서 덜컥 합격했다. 경쟁률이 높아 기도하며 지원했는데 입학허가를 받으니 '역시 하나님은 우리 가정을 축복하셔' 하는 자신감과 감사가 넘쳤다. 우리 아이가 붙었다는 건 다른 아이가 떨어졌음을 뜻하는데, 나의 감사는 이처럼 이기적일 때가 많다.

아이는 집에서 멀리 떨어진 학교를 스쿨버스로 통학했다. 그런데 아들이 초등학교 오 학년 때, 몇몇 급우에게 괴롭힘을 당한다는 사실을 알게 되었다. 내 아들이 그런 일을 겪으리라고는 생각지도 못했다.

정민이는 순하고 여린 아이다. 이르지 말라는 친구의 협박보다 엄마, 아빠가 걱정하는 게 싫어서 말도 못 하고 오랜 기간 혼자 아파했을 아들을 생각하니 그야말로 피가 거꾸로 솟는 것 같았다. 애끓고 속상한 마음으로 원망 어린 기도를 드리던 중 불현듯 하나님의 마음이 느껴졌다.

하나님이 맡기신 귀한 보물을 내 맘대로, 내 잣대로만 키우려 했던 어리석고 우매한 나. 그런 나를 보시는 하나님은 얼마나 안타까우셨을까. 세상에서 가장 좋은 것을 갖는다 해도 하나님 없이는 아무것도 아니라는 당연한 진리를 그 아픈 일을 통해 배웠다.

한 가지 더 깨달은 건, 아이가 세상과 마주하기 전에 하나님의 전신 갑주를 입어야 한다는 것이다. 말씀의 검과 믿음의 방패를 준비하지 않고는 영적 전쟁터에서 승리하기란 결코 불가능하기 때문이다. 학교에 가기 전에 선행해야 하는 건 국어, 영어, 수학이 아니라 하나님을 아는 일, 하나님이 우리에게 알리고자 하시는 것, 즉 말씀이었다.

그러므로 하나님의 전신 갑주를 취하라
이는 악한 날에 너희가 능히 대적하고
모든 일을 행한 후에 서기 위함이라

엡 6:13

네 자녀에게 부지런히 가르치며
집에 앉았을 때에든지 길을 갈 때에든지 누워 있을 때에든지
일어날 때에든지 이 말씀을 강론할 것이며

신 6:7

마땅히 행할 길을 아이에게 가르치라

그리하면 늙어도 그것을 떠나지 아니하리라

잠 22:6

결국 우리 부부는 정민이를 자퇴시키고, 중학교에 가기 전까지 일 년간 홈스쿨링을 했다. 최대한 아이와 많은 시간을 보내면서 성경을 읽고 나누었다. 나는 성경을, 남편은 운동과 영어를 가르쳤다. 시어머니는 일주일에 한 번씩 정민이를 불러 농사를 가르쳐주셨다. 학교 폭력으로 마음이 몹시 상했을 아들에게 오롯이 관심을 기울여, 아이가 하나님이 주시는 쉼과 회복의 시간을 누리게 해주고 싶었다.

그렇게 일 년을 보내고, 정민이는 검정고시를 치른 후, 분당에 있는 한 기독 대안학교에 입학했다. 이전에 다녔던 초등학교가 명문 사립학교였다면, 그 학교는 당시에는 아는 사람이 별로 없는 작은 대안학교였다.

누구나 가고 싶어 하는 명문 사립학교를 마다하고 대안학교에 아들을 보내자, 주변 사람들은 이해하지 못했다. 하지만 그곳에서 정민이는 좋은 친구와 선생님을 만나 초등학교 때 받은 상처를 치유 받을 수 있었다. 무엇보다 신앙으로 뭉친 공동체에서 큐티와 기도를 통해 평생을 그리스도인으로 살아가기 위한 단단한 초석을 닦았다. 때로는 세상적으로 좋아 보이는 일이 결과적으로

나쁜 일이 되기도 하고, 보잘것없는 일이 커다란 축복이 되기도
한다.

　여호와의 말씀이니라
　너희를 향한 나의 생각을 내가 아나니
　평안이요 재앙이 아니니라
　너희에게 미래와 희망을 주는 것이니라
　렘 29:11

　이는 내 생각이 너희의 생각과 다르며
　내 길은 너희의 길과 다름이니라
　여호와의 말씀이니라
　이는 하늘이 땅보다 높음같이
　내 길은 너희의 길보다 높으며
　내 생각은 너희의 생각보다 높음이니라
　사 55:8,9

　누구에게나 잊고 싶은 아픈 기억이 존재한다. 그 상처가 삶을
좌지우지하기도 하고, 오래도록 흉터로 남아 자신을 괴롭게도 한
다. 하지만 그 기억을 회피하지 말고, 마주하며 자세히 들여다보
라. 우리를 두렵게 하는 그 일, 그 상황, 그 사람은 더 이상 우리를

해칠 수 없다. 이가 빠진 무늬만 호랑이라는 걸 알게 될 것이다.

다시 내 일과로 돌아가 보자. 옷을 갈아입고 집을 나서며 골목 아래 커피숍에 들렀다. 오후 세 시가 넘은 시간, 그곳은 텅 비어있었다. 한산한 커피숍 귀퉁이 작은 테이블에 남편이 앉아 노트북을 들여다보고 있었다. 집에서는 글이 잘 안 써진다며, 자기도 《해리 포터》를 쓴 조앤 K. 롤링이나 영화 〈기생충〉의 각본을 쓴 봉준호 감독처럼 커피숍에서 글을 써봐야겠다고 그곳에 자리를 잡은 거였다.

남편은 장편소설을 세 권 출간한 소설가다. 본업이 배우라면, 부업은 작가인 셈이다. 언젠가 본업이 부업이 되고, 부업이 본업이 되는 날을 꿈꾸고 있는지도 모른다. 그가 사십 대 중반부터 쓰기 시작한 돋보기는 이제 어딜 가든 빠트리지 않는 필수품이다. 눈이 좋은 사람일수록 노안이 빨리 온다더니 남편이 딱 그렇다.

글 쓰느라 집중하는 그의 모습이 멋져 보인다. 자신이 좋아하는 무언가를 스스로 찾아내고, 그것에 의미를 부여하고 몰입해 이루려는 모습이 존경스럽다. 매년 한 권씩 소설을 출간하겠다는 목표가 잘 이루어지면 좋겠다. 그리고 그 목표를 향해 노력하는 남편이 행복을 느끼면 좋겠다.

내가 커피숍에 들른 이유는, 남편과 커피를 마시기 위해서가 아니다. 오전 일찍 광화문에 다녀오느라 그의 점심을 못 챙겨줬고,

봉천동에 가면 저녁도 못 챙겨주게 되어 미안한 마음에, 잠깐 들렀다. 둘 다 모처럼 쉬는 날인데, 일하는 날보다 더 바쁜 내 사정을 말없이 이해해 주는 남편이 고맙기도 하고, 짠하기도 하다. 그 마음을 아는지 모르는지, 남편은 나를 보자 해맑게 웃는다.

'야나'와 동명 보육원

커피숍에서 나와 동명 보육원으로 향했다. 1950년에 설립된 이곳은 칠십삼 년간 수많은 고아를 길러왔다. 한 사람이 태어나 평생을 살 만한 시간에 서울 한구석에서 고아를 길러내는 일을 감당한 것이다. 나는 사 년 전, '야나'(YANA)[3]라는 고아 사역 단체 덕분에 동명 보육원과 인연을 맺었다.

이날 오후, 나는 야나의 자원봉사자들과 동명의 아이들에게 크리스마스 파티를 해주러 갔다. 약 열 명의 봉사자와 페이스 페인팅 봉사자 한 명, 아이패드로 캐리커처 그려주는 봉사자 한 명, 야나 스태프 두 명이었다. 봉사자 대부분은 누군가의 엄마였는데 이날만큼은 보육원 아이들의 엄마가 돼주고 싶어, 한자리에 모인

---

3 'You Are Not Alone'(너는 혼자가 아니야)의 머리글자로, 마땅히 누려야 할 권리를 누리지 못하고, 마땅히 받아야 할 사랑을 받지 못하는 아이들이 그 권리를 누리고, 사랑을 받을 수 있도록 돕는 단체

거다.

아이들에게 수제 햄버거를 즉석에서 만들어 주고 싶다며 햄버거 트럭을 제작해 함께 전국 보육원을 다니는 '블리스 버거' 정우정 대표와 스태프들도 왔다.

보육원 앞마당에서 햄버거 백 개를 구워 아이들에게 나눠주었다. 패티 굽는 냄새가 고소하게 퍼지고, 보육원에서 준비한 어묵 꼬치와 군고구마가 입맛을 돋우었다. 아이들의 얼굴과 팔에는 예쁜 그림이 그려졌고, 자신의 캐리커처를 보며 까르르 웃는 아이들의 웃음소리가 여기저기서 들려왔다.

그날 저녁, 오십여 명의 아이와 십여 명의 보육원 선생님은 맛있는 식사를 했다. 아니, 아이들은 먹었고 선생님들은 전투를 벌였다는 표현이 더 정확할 것 같다.

나는 한 선생님을 도와 다섯 살 안팎의 아이 다섯 명에게 밥을 먹였다. 아이들은 식사하는 그 짧은 순간에도 할 수 있는 모든 일을 했다. 놀 때는 잘 놀던 아이들이 식사 시간이 되자 연달아 응가를 했다. 시설에서 자라는 아이는 일반 가정의 아이보다 기저귀를 늦게 떼는 편이다. 그도 그럴 것이 한 보육사가 여러 명을 돌봐야 하기에 가정에서처럼 일대일로 아이의 일거수일투족을 살피기 어렵기 때문이다.

결국 선생님은 식사도 못 하고 아이들의 뒷수발만 들었다. 용변을 본 아이를 화장실에서 씻겨 나오는 동안, 한 아이가 케첩을

상 위에 바르고 감자를 찍어 먹었다. 옆에 있던 아이는 케첩 짜는 게 재밌는지 다섯 개째 짜고 있었다. 〈요즘 육아 금쪽같은 내 새끼〉(이하 〈금쪽같은 내 새끼〉)에서 배운 '공감'은 어디 가고 내 입에서 "아냐, 안돼!" 소리만 연신 터져 나왔다.

그때 한 청년이 식사를 도우러 왔다. 그는 보육원의 큰형이었다. 그가 내게 다가왔다. 자신은 이곳에 두 살에 들어와 지난 십칠 년간 있었고, 올해 모 대학 국제학과에 합격했다고 했다. 그러면서 몇 년 전, 자신의 티셔츠 위에 나의 사인을 받았다고 했다. 그러고 보니 기억이 났다. 미국에서 공부하던 사 년 전, 잠시 한국에 방문했을 때 이곳에 왔는데, 그때 한 중학생이 옷 위에 내 사인을 받았었다.

"어머, 너 정말 키가 많이 컸구나. 대학 입학도 축하해. 정말 기특하다."

그 청년이 내게 물었다.

"요즘은 왜 유튜브에 아무것도 안 올리세요?"

청년은 내 유튜브도 보는 모양이었다. 잠시 후 그가 나지막이 말했다.

"그때 다시 오겠다고 해서 기다렸는데…."

나는 머리를 한 대 맞은 것 같았다. 맞다. 구체적으로 언제 온다고 약속하진 않았지만, 분명 "다시 올게"라고 했던 것 같았다. 그 말을 한 지 사 년 만에 이곳을 찾은 것이다.

그동안 미국에서 학업을 마쳤고, 코로나로 인해 방문할 수 없는 시기도 있었다. 하지만 그 중학생 아이는 다시 온다는 내 말을 마음에 새기고 대학생이 될 때까지 나를 막연히 기다린 거였다. 가슴이 먹먹했다.

보육원을 찾는 봉사자들이 반드시 지켜야 할 철칙 중 하나가 '아이와 그 어떤 약속도 하지 않는다'이다. 왜냐하면 부모에게 유기된 아이는 거절당함, 버려짐, 상실감이 마음속 깊이 깔려있기 때문이다. 본인은 인지하지 못해도 무의식의 저장고에 가득 채워져 있기에, 누군가가 약속을 안 지키면 머리로는 이해해도 마음은 아픔을 느낀다. 그 아픔은 아이 마음에 상처를 남긴다. 아이는 자신이 왜 아픈지, 얼마나 아픈지, 그 상처를 어떻게 설명해야 할지도 모른 채 또 다른 상처를 입는다.

"곧 찾으러 올게"라는 말 한마디 남긴 부모를 끝없이 기다리며 서서히 마음이 꺾이는 아이들을 생각하면 가슴이 아려온다. 내 일처럼 너무나 가슴이 아프다. 그건 아마도 내 안의 상실감이 건드려지기 때문일 거다.

예수님의 은혜와 진리

보육원 아이들과 크리스마스 파티를 즐겁게 하고, 집에 오니 밤 아홉 시가 넘었다. 딸들은 각자 방문을 닫고 친구와 통화 삼매경이었다. 할 일을 끝낼 때까지 전화기를 반납해야 하는 규정을 상기시키자, "엄마, 미안, 깜빡했어"라며 전화기를 거실에 내놓았다. 딸들이 미디어 매체에 할애하는 시간이 점점 늘어나자 '어떻게 하면 줄일 수 있을까?' 하며 함께 궁리하고 약속한 방법이었다.

대학 졸업 공연을 준비 중인 아들은 오늘도 밤늦게 들어온다고 연락이 왔다. 아들은 남편을 닮아 내게 전화를 자주 한다. 만날 때마다 사랑한다는 말도 살갑게 해준다. 남편은 평생 들어본 사랑한다는 말보다 아들한테 들은 그 말이 더 많다고 했다.

나와 남편은 정민이가 여덟 살 때, 생후 일 개월이 채 안 된 예은이를 입양했다. 그리고 이 년 후, 생후 삼 개월이 안 된 예진이를 입양했다. 예은이는 2005년 12월 15일에 크리스마스 선물처럼 우리 집에 왔고, 예진이는 2007년 1월 2일, 함박눈이 내리던 날 아침에 왔다. 예은이는 '예수님의 은혜', 예진이는 '예수님의 진리'를 줄인 이름이다. 예수님의 은혜와 진리가 우리와 평생 함께하게 되었다.

예은이와 일곱 살 터울인 정민이는 아기 여동생을 기뻐 반겼다. 동생을 때리거나 짓궂게 구는 오빠도 종종 있는데, 아들은 지금껏 동생들에게 한 번도 나쁘게 군 적이 없다. 딸들이 어릴 때는 그 사실을 잘 인식하지 못하다가 어느 날 이렇게 말했다.

"엄마, 다른 오빠들은 우리 오빠랑 다르더라. ○○ 오빠는 ○○를 때렸대. △△이는 오빠가 놀아주지 않고 방에서 내쫓는대. 우리 오빠가 내 오빠여서 정말 다행이야!"

그리고 요즘엔 이렇게 얘기한다.

"오빠는 너무 착해. 이 험한 세상에서 잘 살아야 할 텐데, 걱정이야."

"나 같은 딸 말고, 오빠 같은 아들은 낳고 싶어."

예은이와 예진이는 올해(2022년) 열여덟, 열여섯 살로 한창 사춘기를 지나고 있다. 아주 '쿨'하고, 자기표현에 거침이 없는 대한의 소녀다. 딸들은 사춘기에 접어들기 전까지 남편과 원 없이 시간을 보냈다.

하지만 아들은 달랐다. 한류가 태동하던 2000년대 초반, 남편은 국내 드라마와 영화는 물론 중국 드라마, 미국 영화에까지 출연하느라 몇 달씩 집을 비우곤 해서 어린 정민이는 주로 나와 놀면서 컸다.

성장기의 아들과 시간을 많이 보내지 못한 것을 만회라도 하려는 듯, 남편은 틈만 나면 딸들과 온 힘을 다해 놀았다. 자전거, 씽씽 카, 스케이트보드, 수영 등 딸들에게 운동을 직접 가르치며 몸으로 놀아줬다. 천사 같은 어린 딸들과 놀아주는 딸 바보 남편

의 얼굴은 천국에 있는 것처럼 행복해 보였다. 딸들도 아빠와 노
는 걸 무척이나 좋아했다.

　그런데 요즘 그의 얼굴은 울상이다. 사춘기 딸들이 지금도 천
사이기는 한데, 불친절하고, 욱하고, 방문을 꼭 닫는 은둔형 천사
가 되어버렸기 때문이다.

　나는 딸들에게 열두 시 전에는 자라고 말하고 침실로 들어왔
다. 남편이 침대에 누워 스탠드 불빛에 책을 읽고 있었다.

　그는 글 쓰는 것만큼이나 책 읽기를 좋아한다. 자기 글을 쓰는
시간보다 훨씬 많은 시간을 들여 다른 사람이 쓴 책을 읽는다. 아
침 운동할 때, 한 시간 동안 '오디오북'이나 강의를 듣고, 저녁에
반신욕을 하면서, 그리고 잠들기 전 침대에서 한 시간 정도 독서
를 한다. 자투리 시간을 활용하는데도 매일 하다 보니 한 달에 네
다섯 권을 읽게 된단다. 일 년이면 오십 권이 넘는 셈이다. 요새는
어딘가로 떠나고 싶은지 《대한민국 역사여행 버킷리스트》와 《고
고학의 즐거움》을 번갈아 읽고 있다.

　일찍 자는 남편을 위해 최대한 소리 나지 않게 잘 준비를 마치
고 잠자리에 누웠다. 이불 속이 따뜻하다. 남편이 뜨거운 물주머
니를 내 발치에 놔두었기 때문이다. 매년 늦가을부터 봄까지, 추
위를 많이 타는 나를 위해 하루도 빠짐없이 챙겨주는 남편 덕에
몸도 맘도 따뜻해진다.

침대에 누워 잠을 청하는데, 보육원에서 만난 청년의 말이 자꾸 귀에 맴돈다.

"다시 온다고 해서 기다렸는데…."

부모가 오기를 기다리다 지친 아이들이 얼마나 많을지, 그 어린 마음에 상처는 또 얼마나 깊을지 다시 마음이 아려온다. 예은이와 예진이도 입양되지 않았다면, 지금껏 데리러 오지 않는 누군가를 기다리며 눈물로 잠들었을지도 모른다.

'만일 딸들이 내 품에 오지 않았다면, 어디서 어떤 모습으로 살고 있었을까? 비슷한 얼굴의 전혀 다른 아이로 자라났겠지. 나는 이 아이들의 존재조차 모를 수도 있었겠네.'

이런 몸서리쳐지는 생각이 종종 들곤 한다. 그럴 때면 딸들을 우리 품으로 보내주신 하나님께 저절로 깊은 감사가 나온다.

자매

남편의 제대 직후, 나는 보육원 봉사를 시작했다. 봉사라고 거창한 게 아니라 숙소에서 아이들과 반나절 정도 놀아주는 거였다. 어느 순간부터는 그저 함께 TV를 보고 수다도 떨며 쉬다 오곤 했다.

보육원에는 영아기에 유기된 아이뿐 아니라 가정에서 크다 온 아이도 많았다. 지금도 가정에서 자라다 맡겨지는 사례가 늘고 있다고 한다.

어느 날, 못 보던 두 여자아이가 보였다. 둘은 자매라고 했다. 부모가 이혼하며 서로 양육권을 떠넘기려 해서 친척 집을 전전하다 결국 보육원으로 온 거였다. 동생은 유치원생, 언니는 초등학교 저학년쯤 되어 보였다. 둘 다 얼굴이 하얗고 작고 예뻤다.

자매 중 동생이 두 눈을 반짝이며 내게 물었다.

"언니, 여기 왜 왔어요?"

당시 이십 대인 내가 언니로 보였나 보다.

"응, 나는 너희랑 놀려고 왔어."

그러자 아이가 새침하게 말했다.

"우리는 며칠 있으면 집에 갈 건데."

아이의 말은 "우리는 여기 있는 아이들과 달라요. 엄마가 곧 데리러 올 거예요. 집에 갈 거예요. 그러니까 우리는 버려지지 않았어요"라는 외침처럼 들렸다.

"그래, 그렇구나."

나는 아이가 말한 대로 이루어지기를 바랐다. 하지만 그렇게 되지 않으리란 것도 알았다.

그다음 주에도, 그 다다음 주에도, 일 개월, 삼 개월, 일 년이 흘러도 곧 집으로 돌아갈 거라던 자매는 보육원에 있었다. 그러는 사이 자매의 분위기는 나머지 아이들과 비슷해져 갔다. 아니, 그

보다 더 어두워졌다.

'귀티가 난다'라는 말이 있다. 예전에는 그 말이 잘 먹고 잘사는 집 아이를 표현하는 말인 줄 알았다. 하지만 두 자매를 보면서 그 슬픈 의미를 알게 되었다. 귀티가 난다는 건 관심과 사랑을 받고 있다는 뜻이다. 일대일로 누군가의 돌봄을 받고 있을 때, 아이에게 나타나는 자신감과 안정감이 바로 '귀티'였다. 몇 개월이 지나자, 자매의 얼굴에 귀티가 사라지고 말았다.

희망을 포기한 아이가 심한 절망감으로부터 자신을 보호하기 위해 얼굴이 무표정으로 변하고 무기력해지다가 심한 경우, 혼수상태에 빠져드는 '체념 증후군'이란 질병이 있다. 아픔과 실망이 반복될 때 생기는 이 병은 아파도 아프다 못 하고, 슬퍼도 슬프다 못 하며, 설령 말한다 해도 들어줄 사람이 없는 악조건 속에서 발현된다.

보육원에 맡겨진 아이는 매일 아침 실낱같은 희망을 품었다가 해 질 무렵 실망의 눈물을 삼키는, 대단히 폭력적이고 잔인한 방법으로 '엄마가 오지 않는다'라는 현실을 배운다.

지는 해를 바라보며 오지 않는 부모를 기다렸을 아이들. 원장님 방에서 울리는 전화벨 소리에 '혹시 엄마인가?' 기대하고, 자동차가 보육원 앞에 멈춰 서면 '아빠가 온 걸까?' 마음 졸였을 아이들. 밤마다 '내일은 오겠지, 내일은 올 거야' 하며 눈물 흘렸을, 그러다 어느 순간 소망을 스스로 단념했을 아이들. 가슴이 먹먹해진다. 가정에서 자라다 맡겨진 퇴소 청년들의 이야기를 들은 적이 있다. 처음에는 매일 한결같이 부모를 기다렸다고 한다.

'올 거야, 온다고 했어. 금방 올 거야.'

그러다 사춘기쯤 되면 기다림의 애타는 마음이 냉소적으로 바뀐단다.

'뭐야, 안 오네. 안 오는 거네.'

내가 만났던 어린 두 자매는 지금쯤 삼십 대가 되었을 것이다. 어디서 어떻게 살고 있는지, 퇴소한 후에라도 가족을 만났을지 궁금하다. 아무쪼록 두 자매가 사랑받는 아내, 행복한 엄마가 되어 있기를 기도한다.

> 내 부모는 나를 버렸으나
> 여호와는 나를 영접하시리이다
>
> 시 27:10

국가통계포털(KOSIS)에 따르면 2022년 한 해에 3,756명의 보호 대상 아동이 발생했다. 그중 1,467명은 가정으로 돌아갔고, 나머지 2,289명은 전국 보육원에 분산 수용되었다. 이는 국가통계에 잡히는 숫자이므로 시스템의 사각지대에 있는 아이들을 더하면 실재 요보호아동 수는 이보다 훨씬 더 많으리라 짐작된다. 매년 수천 명의 아이가 보육원에 새로이 입소하여 오지 않는 부모를 기다리고 있다.

　대부분의 보육사 선생님이 열과 성을 다하겠지만, 아무리 살뜰히 돌본다 한들 부모의 관심과 사랑에 비할 수 있을까. 형편이 어렵거나 부족한 부모라 해도 일대일의 관심과 사랑을 주는 존재가 있고 없고의 차이는 아이 인생에 절대적 영향을 미친다. 부모 중 한 사람이라도 이 아이를 지켜낸다면 좋을 것을, 너무나도 안타깝다.

버려진 아이

　두 자매가 겪었을 아픔이 내게 고스란히 전해지고, 부모 없는 아이들에게 온 마음을 쏟게 된 건, 어쩌면 나 역시 버려졌다고 느꼈던 때가 있었기 때문인지도 모르겠다.

　2018년, 미국 캘리포니아에 있는 '히즈 대학'(HIS University)에 다니던 시절, 한 수업 시간에 내가 '버려진 감정을 경험한 아이'라는 사실을 알게 되었다.

　'애착'(attachment)에 관한 인터뷰를 하던 날이었다. 스스로 자신을 인터뷰하거나 다른 사람을 인터뷰하기도 했는데, 어린 시절을 떠올리며 여러 질문에 대답하는 방식이었다. 내 차례가 되자 교수님이 물었다.

"어린 시절의 애라는 아플 때 제일 먼저 누구에게 달려갑니까?"

한참을 곰곰이 생각하다 솔직하게 답했다.

"기억이 전혀 안 나요, 교수님. 모르겠어요."

나는 평소에도 워낙 기억력이 나빠서 친구들에게 "너 그래서 어떡할래?"라는 이야기를 자주 듣는다. 어린 시절에 대한 기억은 더 형편없다. '과연 내 어린 시절이 존재하기는 했나?' 싶을 정도로 기억나는 것이 거의 없다.

내가 모르겠다고 하자 다음 사람으로 넘어갔다. 그렇게 학우들의 이야기를 듣고 있는데, 갑자기 머릿속 깊은 데서부터 불편한 기억이 스멀거리며 떠올랐다.

네다섯 살쯤이었던 것 같다. 당시 한 푼이 아쉬웠던 엄마는 일을 해야 했기에 나를 할머니 댁에 종종 맡겼다. 엄마는 칠 남매 중 만이로, 할머니 댁에는 이모가 여러 명 살고 있었다. 원래는 엄마 위로 오빠가 한 명 있었는데 아기 때 돌아가셨고, 엄마 아래로 여동생 다섯 명과 막내 남동생이 있었다.

할머니 댁에 맡겨지면, 나는 고장 난 수도꼭지처럼 울음을 그치지 않았다고 한다. 말도 제대로 못 하는 어린애가 "엄마한테 갈래! 엄마한테 갈래!"를 반복하며 몇 시간이고 계속 울었단다. 이모들이 번갈아 가며 달래도 보고, 혼내기도 했지만 멈추질 않았고, 끝내 울다가 지쳐 잠이 들었단다. 하지만 그것도 잠시, 다시 깨서는 "엄마한테 갈래"를 반복했고, 그렇게 날이 밝았다고 한다.

어린 내가 얼마나 오래 울며 어른들 속을 썩였는지, 이모들은 종종 그때를 회상하며 "너, 정말 고집 센 아이였어"라고 타박하곤 했다. 이모들 말에 '난 어릴 때부터 고집이 있었구나' 생각했다. 사실 지금도 고집이 센 편이어서, 내 자아를 죽이려 말씀을 붙들고 기도하곤 한다.

> 내가 그리스도와 함께 십자가에 못 박혔나니
> 그런즉 이제는 내가 사는 것이 아니요
> 오직 내 안에 그리스도께서 사시는 것이라
> 이제 내가 육체 가운데 사는 것은
> 나를 사랑하사 나를 위하여
> 자기 자신을 버리신
> 하나님의 아들을 믿는
> 믿음 안에서 사는 것이라
>
> 갈 2:20

그런데 그날 수업 시간에 '어린 애라의 울음'은 고집이 아니었다는 사실을 불현듯 깨달았다.

가정의 생계를 책임지느라 나를 친정에 맡겨야 했던 엄마의 사정을 어린 '애라'는 몰랐다. 왜 갑자기 엄마 품을 떠나 할머니 집에서 자야 하는지, 엄마가 어디로 갔는지, 왜 갔는지, 언제 올지, 오기는 하는지 알 수 없었다. 얼마나 엄마가 보고 싶었을까.

어린아이에게 세상 전부인 엄마가 사라진다는 건 커다란 공포다. 아이가 그 마음을 표현할 길은 우는 것밖에 없다.

그제야 알았다. 내가 밤낮없이 울었던 건 고집이 세서가 아니라, 엄마가 나를 떠났고 그래서 버려졌다고 느꼈기 때문이라는 걸. 그 깊은 거절감과 상실감으로 밤새 울었다는 걸. 울음을 그치지 않은 게 아니라, 그칠 수 없었다는 걸.

사람들이 내게 자주 묻는 말이 있다.

"신애라 씨는 왜 그렇게 고아에게 관심이 많아요?"

그 이유를 나도 몰랐다. 그저 부모의 보살핌을 받지 못하는 아이들에게 눈이 갔고, 그들의 심정이 가슴으로 느껴졌다. 돌아보면, 어린 시절의 내 울음이 엄마를 기다리며 매일 밤 잠드는 보육원 아이가 삼키는 울분과 닮았다는 생각이 든다.

할머니 댁에서 돌아온 후에도, 어린 시절의 나는 매일 밤 엄마를 하염없이 기다렸다. 아침 일찍 나가 온종일 일하고 밤늦게야 들어오는 엄마를.

'삐걱' 소리만 나도 현관문을 열어보고, "애라야" 부르는 엄마 목소리가 바람에 실려 올까, 귀를 쫑긋 세우고, 가로등만 외롭게 비추는 골목길을 수없이 내다보던 '어린 애라'가 지금도 내 안에 있다.

내가 너희를
고아와 같이 버려두지 아니하고
너희에게로 오리라

요 14:18

두 번째 흔적

부모님의 별거

　부모님은 두 분 다 서울대학교를 나왔다. 엄마는 사범대 국문과, 아빠는 음대 작곡과. 옛날에는 서울대만 나오면 다 잘사는 줄 알았다. 그런데 우리 집은 형편이 어려웠다. '어렵다'라는 표현이 상대적이라 부연하자면, 우리 집은 주변 친구들, 친척, 동창 중에서 형편이 어려운 축에 속했다.

　엄마는 동아방송[4] 최초 여자 피디였다. 아빠는 그 당시 유명했던 무궁화 어린이 합창단의 지휘자였다. 두 분은 방송국에서 만나 연애를 시작했고 결혼까지 골인했다. 서울대 출신의 방송국 피디와 합창단 지휘자 부부, 누가 봐도 그럴싸하고 로맨틱한 커플의 탄생이었다.

　부모님은 당시 아무나 못 간다는 조선호텔에서 친구, 친척, 동

───────────────

4 1963-1980년까지 동아일보사 산하에 있었던 라디오 방송국

문, 동료 등 많은 하객의 축하를 받으며 결혼식을 올렸다. 그런데 화려한 결혼식과 신혼의 단꿈은 거기까지였다.

가정을 꾸린 아빠는 돈을 벌어야겠다고 결심했는지 음악을 그만두고 사업을 시작했다. 음악을 잘한다고 사업도 잘하리라는 보장은 없었다. 성정이 선한 아빠는 믿었던 지인을 포함해 여러 사람에게 사기를 당했고 그로 인해 빚이 불어났다.

결국 엄마가 사방팔방으로 돈을 빌리러 다니며 생활전선에 뛰어들어야 했다. 남편이 큰 제약회사 간부여서 경제적으로 여유가 있던 바로 아래 동생과 친구들에게 고개를 숙여가며 돈을 빌렸고, 그걸 갚기 위해 닥치는 대로 일해야 했다.

KBS 라디오 〈밤을 잊은 그대에게〉의 방송 원고부터 TV 다큐멘터리 원고 등 일거리를 마다하지 않으며 밤새 원고를 썼다. 고등학교에서 교편을 잡기도 했고, 대학교에 시간강사로 출강하기도 했다. 이런 엄마의 노력에도 불구하고 우리 집 살림은 나아지질 않았다.

"넌 어렸을 때 뭐 하나 갖고 싶어도 사달라고 한 적이 없어. 맘에 드는 게 있으면 '엄마, 저거 이담에 꼭 사줘, 이담에'라고 말했어."

내가 탤런트가 된 후 엄마가 해준 얘기다. 어린 애라가 집 형편이 어려운 걸 알았는지 늘 그렇게 말했단다.

갖고 싶은 마음에 조잘조잘 이야기하다가도 사줄 수 없는 엄마가 속상할까, '이담에'라는 단어를 꼭 붙였나 보다. 엄마가 너무 좋아서, 혹시라도 엄마가 불편하거나 마음을 다칠까, 눈치를 많이 봤던 거 같다. 그래서 그런지 두 살 많은 오빠와도 싸운 기억이 별로 없다. 우리가 싸우면 엄마가 슬플 테니까. 우리가 싸우지 않아도 엄마의 하루는 충분히 고달플 테니.

내가 초등학교에 입학하기 전부터 오 학년 때까지 약 팔 년간, 부모님은 별거를 했다. 나와 오빠는 엄마와 함께 신사동에 있는 공무원 아파트에서 살았다. 오 층 아파트 단지 제일 끝에 우리 집이 있었는데, 방 두 개에 작은 거실과 부엌이 달린 열두 평 아담한 집이었다.

어린이날이나 생일 같은 기념일이면 우리는 아빠를 만나 놀이공원, 동물원 등에 놀러 갔다. 가끔 보는 아빠가 어색했지만, 내게 아빠가 있다는 사실이 좋았다.

엄마는 석사 논문을 쓰면서 일까지 하느라 늘 바빴다. "꺼리 없어?"라는 말을 입에 달고 살았는데, '꺼리'란 라디오의 원고 소재를 뜻했다. 엄마는 라디오 방송 작가도 겸하고 있었기에 DJ(진행자)의 멘트를 다양하게 준비하고자 신문, 잡지, 책 등을 닥치는 대로 읽었다.

오빠와 나도 "꺼리가 없어?", "꺼리가 있어?"라며 엄마에게 어떤 이야기라도 해주려던 기억이 난다. 꺼리가 있다고 하면 괜히 신나고, 없다고 하면 의기소침했다. 그때는 아직 개인 컴퓨터가 보급되기 전이라 엄마의 책상에는 항상 원고지가 수북이 쌓여있었다. 책상 앞에 허리를 구부리고 앉아 글을 써 내려가던 엄마의 뒷모습, 그 수려했던 필체가 지금도 눈에 선하다.

우리는 형편이 어려웠지만, 단 한 번도 가난하다고 느끼지 못할 만큼 셋이 복작거리며 행복하게 지냈다. 아빠와 함께 살지는 못했지만 자주 만났고, 만날 때마다 아빠는 우리에게 다정했다.

오빠와는 어릴 때부터 친했다. 나이는 두 살 많지만 내가 일 년 일찍 입학해서 한 학년 차이였다. 오빠는 둘도 없는 친구이자, 늦게까지 일하는 엄마를 대신하는 나의 보호자였다.

친구의 멜로디언

초등학교 이 학년 음악 시간이었던 걸로 기억한다. 선생님이 각자 악기를 하나씩 가져오라고 했다. 나는 악기 중에 제일 저렴한 캐스터네츠를 준비했다. 그런데 캐스터네츠는 고작해야 '딱딱' 소리밖에 내지 못하니 너무 시시했고, 내게 어떤 흥미도 주지 못했다. 그래서 다음 시간에는 피리를 가져갔다. 피리 값이 오백 원이었던 것 같다.

음악 시간이 되자, 반 아이들이 가방에서 악기를 꺼냈다. 나도 새로 산 피리를 꺼냈는데 옆 친구가 멜로디언을 꺼냈다. 나는 친구의 멜로디언에서 눈을 떼지 못했다. 입술로 불며 손으로 건반을 두드리는 친구의 모습이 어찌나 멋지던지. 또 멜로디언 소리는 얼마나 선명한지, 내가 부는 피리와는 비교할 수 없을 정도로 맑고 정확했다.

아빠의 음악적 재능을 조금은 물려받았는지, 나는 피리를 곧잘 불었다. 하지만 다양한 음계를 자유로이 연주할 수 있는 멜로디언에 마음을 완전히 빼앗기고 말았다. 비싸서 사지는 못하고 친구가 부는 모습을 그저 바라볼 수밖에 없었다. 한 번만이라도 멜로디언을 실컷 불어보고 싶었다. 그런데 그 동화 같은 일이 일어났다.

우리 집은 학교에서 한참을 걸어 언덕길을 올라가야 있는 아파트의 맨 끝 동이었다. 가는 길에는 부잣집 친구들이 사는 주택이 즐비했다. 이유는 모르겠는데, 한동안 나는 하교하면서 주택에 사는 친구의 멜로디언을 들어주었다. 친구 집 앞에 다다르면 악기를 건네고 나는 빈손으로 집으로 향하곤 했다.

그런데 하루는 친구가 멜로디언을 받지 않고 집으로 뛰어 들어갔다. 내 손에는 멜로디언이 그대로 들려 있었다. 대문 앞에 한참 서 있었다. 가슴이 쿵쾅거렸다. 이대로 가버리면 왠지 나쁜 아이가 될 거 같았다. 하지만 동시에 친구가 도로 나와서 멜로디언을 가져갈까, 무서웠다. 나는 떨리는 마음으로 멜로디언을 품에 안고 집으로 달려갔다. 그리고는 서둘러 음악책을 펴고 멜로디언을 불기 시작했다.

처음 불어보는데도 곧잘 불었다. 친구가 부는 걸 지켜보면서 머릿속으로 여러 번 연습했기 때문이었을지도 모른다. 어쨌든 그날 나는 밥도 안 먹고, 좋아하는 TV 보기도 마다한 채 멜로디언을 실컷 불었다. 밤이 되어서야 멜로디언을 내려놓았다. 더 이상 불고 싶지 않았다. 멜로디언을 향한 부러움과 갈증이 모두 채워진 거였다.

다음날 학교에서 친구에게 멜로디언을 돌려주었다. 그 후로는 멜로디언을 분 적이 없다.

엄마는 방치형

부모의 양육 방식을 크게 과잉형, 방목형, 방치형으로 분류할 수 있다.

방목형은 커다란 울타리를 쳐놓고 아이를 그 안에서 마음껏 뛰어놀게 하며 스스로 갖가지 풀을 다 먹어보게 하는 양육 방식이다. 과잉형은 아이 옆에 바싹 붙어서 "이 풀은 써서 안 돼. 이것만 먹어" 하며 일일이 입에 넣어주고, 아이가 먹기 싫어해도 강제로 먹이며 모든 걸 통제하고 간섭하는 양육 방식이다. 방치형은 방목형과 맥은 같이 하되 울타리조차 쳐주지 않는, 말 그대로 방치하는 양육 방식이다.

물론 방목형 양육이 가장 좋지만, 과잉형보다는 방치형이 낫다고 본다. 과잉형 부모 밑에서 자란 아이는 스스로 할 줄 아는 것이 아무것도 없는 성인으로 자라지만, 방치형 부모에게서 자란 아이는 곁에서 일일이 챙겨주는 사람이 없으니 스스로 해내는 법을 터득하며 독립적인 어른이라도 될 수 있기 때문이다.

가족의 생계를 책임져야 했던 엄마의 양육 방식은 방치형일 수밖에 없었다. 그 덕에 오빠와 나는 일찍부터 두 가지 삶의 원리를 배웠다. '원하는 것을 다 하고 살 수는 없다'와 '스스로 하지 않으면 아무도 해주지 않는다'였다.

내가 초등학교에 입학하자 엄마는 우리 남매를 위해 긴 테이블을 책상 대용으로 놔주셨다. 절반은 오빠가, 나머지 절반은 내가 썼는데 오빠의 자리는 늘 깔끔하게 정리되어 있었다. 반면, 내 자리는 책으로 탑이 쌓여있고 학용품이 죄다 어질러져 있었다.

우리는 꽤 달랐다. 오빠는 전날에 미리 준비물을 다 챙겨놓고 잤지만, 나는 아침마다 그날 필요한 것을 가방에 급히 주워 담곤 했다. 그러니 빠뜨리는 준비물이 많았다. 지금은 〈신박한 정리〉라는 프로그램을 생각해 냈을 정도로 정리를 잘하지만, 그때는

'심각한 정리'였다.

　엄마는 우리보다 더 일찍 일을 나가야 했기에 책가방을 챙겨주지 못했다. 반 친구들은 빠뜨린 물건이 있으면 엄마한테 가져다 달라고 하는데, 나는 준비물 없이 하루를 보내야 했다.

　갓 초등학교에 입학한 어린이에게 챙겨줄 엄마가 없다는 건, 달리는 버스에서 지탱할 손잡이 없이 서 있는 것과 비슷하다. 버스가 천천히 달릴 때는 손잡이를 잡은 사람들과 별반 다르지 않은데, 버스가 흔들리는 순간에는 혼자만 나동그라지게 된다.

　아침이면 여느 친구처럼 가방을 메고 등교하지만, 수업이 시작되고 준비물을 꺼내는 시간, 숙제를 검사하는 시간, 도시락을 먹는 점심시간 등이 되면, 엄마의 챙김을 받지 못한 나는 혼자 나동그라졌다. 하지만 자꾸 넘어지다 보니 안 아프게 넘어지는 법을 터득했다. 있으면 있는 대로, 없으면 없는 대로 지내는 법을 배웠고, 선생님께 자주 주의를 듣다 보니 요령껏 눈치 보는 법을 익혔으며, 앞서 언급한 두 가지 깨달음도 생겼다. 경험에서 얻은 지혜였다.

오빠하고 나하고

　학교에서 돌아오면 오빠와 나는 곧장 동네 아이들과 놀러 밖으로 나갔다. 부모님이 없으니 공부하라는 잔소리도 듣지 않았다. 우리는 마구잡이로 뛰고, 술래잡기도 하고, 구석구석 헤집으며 숨바꼭질도 하고, 잔디를 뒹굴며 전쟁놀이도 하고, 별의별 희한한 곳을 오르내리며 신나게 놀았다. 그러다 보면, 어느덧 붉어진 해가 동네 뒷산 너머로 뉘엿뉘엿 기울었다. "○○아, 들어와 저녁 먹어라~", "△△야, 밥 먹어!" 하는 소리가 여기저기서 들려왔다. 같이 놀던 아이들이 하나둘 집으로 들어가면, 아파트 동과 동 사이 잔디밭 위에 오빠와 나만 덩그러니 남았다.

"우리도 들어가자."

오빠가 말하면, 우리는 집집이 켜지는 불빛을 보며 집으로 돌아가곤 했다.

엄마는 집 열쇠에 줄을 달아 우리 목에 걸어주었다. 그런데 뛰고 뒹굴고 매달리며 정신없이 놀다 보면 열쇠 목걸이가 없어질 때가 종종 있었다. 그런 날은 꼼짝없이 집에 못 들어가고, 해가 떨어져 어두워진 잔디 위를 손으로 더듬으며 열쇠를 찾아야 했다.

우여곡절 끝에 열쇠를 찾아 집에 들어가면, 오빠가 계란프라이를 만들어 밥을 차려줬다. 그때부터 훈련이 되어서인지 오빠는 지금도 요리를 잘한다. 나는 밥에 간장을 넣고 비벼 먹는 걸 제일 좋아했다. 다른 반찬도 있었을 텐데, 내 기억에는 하얀 밥에 뿌린 거뭇거뭇하고 짭짤한 간장 맛만 남아있다. 지금도 가끔 그 맛이 그리울 때면, 거기다 참기름, 깨소금까지 곁들여 먹는다. 이 메뉴는 '계란밥'으로 불리며 딸들도 좋아하는 별식이 되었다.

나는 지금은 못 먹는 게 없을 정도로 모든 음식을 좋아하지만, 어릴 때는 편식이 심했다. 음식을 하도 가려서 깡마르고 키도 작았다. 초등학교 입학할 때 내 몸무게는 십팔 킬로그램이었다. 그래서 외삼촌이 나를 "설탕 킬로~"라고 불렀다(그때는 설탕의 큰 포대 단위가 십팔 킬로그램이었다고 한다). 또 중학교 일 학년 때는 반에서 키가 제일 작아 출석번호 일 번이었다.

밤 아홉 시쯤 되면 오빠와 나는 씻고 누웠다. 큰 이불과 작은 이불이 있었는데, 우리는 서로 큰 이불에서 뒤늦게 들어오는 엄마와 자겠다고 매일 신경전을 벌였다. 원래는 번갈아 자기로 정해놓았는데 결국 큰 이불은 오빠 차지일 때가 많았다. 엄마가 가운데 누워 우리 남매를 양쪽에 끼고 자긴 했지만, 그래도 엄마와 한 이불을 덮고 자는 오빠가 어찌나 부럽고 얄미운지. 나는 혼자 작은 이불을 덮고 서러워하며 잠들었다.

잘 시간이 됐는데도 엄마가 안 오면 우리는 나란히 누워서 TV를 봤다. 아홉 시 정각이면 아나운서의 나지막한 멘트가 흘러나왔다.

"어린이 여러분~ 이제는 잠자리에 들 시간입니다."

그러면서 TV 화면에 내 또래 아이가(혹은 토끼였던 것도 같다) 이

불을 덮고 누워있고, 창밖에 달이 떠 있는 그림이 나왔다. 그림 속 아이가 참 평온해 보였다. 그걸 보노라면 가슴이 간질간질했다. 지금 생각하면, 허전함과 공허함 때문이었던 것 같다.

오빠도 나와 비슷한 마음이었는지, 그 그림만 나오면 대뜸 소리쳤다.

"우리는 어린이가 아니야!"

나도 맞장구를 쳤다.

"맞아, 우리는 어린이가 아니지~"

오빠와 나는 먹먹한 마음을 그렇게 과장 어린 당당함으로 감추었다. 그리고는 신나게 TV를 봤다. 어린이는 잘 시간이라는 아나운서의 말에 아랑곳하지 않고 화면 속으로 빠져들었다. 우리는 어린이가 아니니까.

그때는 지금처럼 국내 드라마가 많지 않았다. 대신 외화 시리즈를 줄기차게 방영할 때라, 오빠와 나는 밤마다 다양한 외국 영화와 드라마를 보았다. 그중 노예 출신 흑인 가문의 대서사시를 다룬 알렉스 헤일리의 장편소설 《뿌리》를 각색한 대하드라마가 굉장히 충격적이고 강렬한 기억으로 남아있다.

아프리카의 넓은 들판에서 자유롭게 살던 청년들을 짐승처럼 잡아 배 바닥에 묶어 바다를 건너가는 노예선을 보며, 어린 나이임에도 분개했다. 사람은 사람에게 친절해야 하는데, 왜 짐승보다도 못하게 대하는지 이해할 수 없었다. 성인이 된 지금도 그 장면이 뇌리에 선명히 박혀있다.

우리는 TV가 재밌기도 했지만, 어둠이 무서워서 TV와 등을 환하게 켜놓고 엄마를 기다리다, 잠이 들었다. 아침에 눈을 뜨면 엄마가 와있고, 등도 TV도 꺼져있었다.

늘 기쁜 아이

생계를 위해 여러 가지 일을 해야 했던 엄마의 주된 직업은 선생님이었다. 고등학교 국어 선생님을 하면서 연극반 선생님도 겸했다. 엄마의 제자 중에는 중경고등학교의 개그맨 고 김형곤 씨, 금란여고의 연극 배우 윤석화 언니가 있다. 최근까지도 엄마의 제자였다고 말하는 분을 종종 만난다.

엄마가 어쩌다 학교 당직을 서는 일요일이면 우리 남매는 번갈아 가며 학교에 따라갔다. 둘 다 데려가자니 눈치가 보이고, 또 오빠와 내가 붙어있으면 장난치느라 소란스러워 엄마가 일을 할 수 없기 때문이었다.

아무도 없는 텅 빈 학교는 새로운 세상이었다. 나는 교실을 자유롭게 누비고 다녔다. 가끔 엄마의 동료 선생님이 햄버거 같은 간식을 사주면, 오빠와 나눠 먹으려고 고스란히 집에 가져갔다.

엄마는 연극이나 영화를 워낙 좋아해서 휴일이면 오빠와 나를 데리고 극장에 갔다. 그때 본 연극 한 편이 오래도록 기억에 남았다. 아이를 위한 작품이 아니라 어른이 보는 다소 비극적인 연극이었는데, 무대 위 여배우가 그렇게 멋져 보일 수가 없었다(그 배우는 김성녀 선배님이었다). 나는 감동해서 '저런 여배우가 되고 싶다'라는 생각을 처음으로 했던 것 같다. 내 안에 잠재된 연기자로서의 DNA가 태동하기 시작한 순간이었다.

한번은 엄마와 영화 〈스타 탄생〉을 보러 갔다. 청소년 이상 관람가였기에 초등생 오빠는 못 들어가고, 누가 봐도 아무것도 모를 것 같은 왜소한 외모의 나는 제재 없이 입장할 수 있었다. 영화에는 여배우 바브라 스트라이샌드와 남자 배우의 키스 장면이 여러 번 나왔다. 얼굴을 비스듬히 엇갈리게 하고 입을 맞추는 모습을 보며 엄마에게 물었다.

"엄마, 저 아줌마는 코가 너무 커서 부딪힐까 봐 엄마랑 나처럼 뽀뽀하지 않고 저렇게 하는 거지?"

어느 날 우리 집 발코니에 제비집이 생긴 걸 발견했다. 나는 신기해서 목을 빼고 올려다보며 엄마를 불렀다. 엄마가 나를 안아주며 말했다.

"제비들은 가장 행복한 집을 찾아와 집을 짓는대."

그 밝고 다정한 목소리, 따뜻한 엄마의 품이 아직도 생생하다. 엄마의 말에 나는 생각했다.

'맞아, 우리 집은 행복한 집이야.'

엄마가 내게 틈만 나면 입버릇처럼 해주던 이야기 한 토막이 생각난다.

"애라야, 옛날에 늘 기쁜 아이랑 늘 슬픈 아이가 있었어. 늘 기쁜 아이는 아무리 슬픈 일이 있어도 늘 기뻤고, 늘 슬픈 아이는 아무리 기쁜 일이 있어도 늘 슬펐대. 우리 애라는 늘 기쁜 아이지?"

엄마는 걱정과 슬픔이 많아 보이는 하나뿐인 딸에게 그렇게 행복의 비밀을 알려주었다.

그때의 엄마보다 나이가 훨씬 많아진 지금, 엄마가 그렇게 말한 다른 이유도 알 것 같다. 그 말은 남편과 별거하고 두 아이를 키우느라 일개미처럼 살던 엄마 자신에게 하는 말이었는지도 모른다. 늘 기쁜 사람이 되어 삶에 어떤 일이 닥쳐도 기쁘게 살겠노라고 자신에게 주문을 걸었는지도.

엄마는 삶이 지치고 힘들 때 어린 자식들의 얼굴을 보며 다시 일어날 용기를 얻었을 것이다.

엄마가 해준 그 이야기는 내 안에 깊이 새겨져, 슬픈 일이 생겨도 늘 기쁜 아이가 나타나 나를 긍정적인 방향으로 이끌어 주었다. '늘 기쁜 아이' 이야기를 들려줄 때만 해도 엄마는 하나님을 알지 못했다. 하지만 그 이야기는 성경적이다. 늘 기쁜 아이가 늘 기뻐할 수 있는 비결은 바로 감사이기 때문이다.

항상 기뻐하라

쉬지 말고 기도하라

범사에 감사하라

이것이 그리스도 예수 안에서

너희를 향하신 하나님의 뜻이니라

살전 5:16-18

이제 엄마가 된 나는 우리 아이들에게 '늘 기쁜 아이' 이야기를 해준다. 아이들이 힘든 순간마다 늘 기쁜 아이가 그들의 친구가 되어주길 바라며.

엄마는 나의 전부

내 유년 시절은 엄마를 그리워하는 시간으로 점철되어 있었다. 내 존재 이유, 하루의 목표가 엄마 곁에서 함께 시간을 보내는 거였다.

엄마는 내 삶의 전부였다. 엄마가 곧 세상이었기에, 엄마 없는 세상은 상상할 수 없으며, 엄마가 없는 건 세상이 없는 것과 같았다. 이런 내 마음 상태를 보여주는 일화가 있다.

어느 날처럼 엄마를 기다리다 잠든 어느 날, 한밤중에 눈을 떴다. TV에서는 방송 종료 화면과 함께 '치익' 소리가 나오고 있었다. 불 켜진 방안에는 자고 있는 오빠와 나 둘뿐이었다.

'엄마는 어디 갔지?'

시계를 보니 새벽 두 시 반, 곁에는 엄마가 없었다. 두려움이 엄습했다. 그때 느낀 목뒤의 서늘함을 지금도 기억한다. 자는 오빠를 깨울 수는 없었다. 이 공포감을 느끼게 하고 싶지 않았다. 오빠를 깨우면 눈물이 터질 것 같았다.

우리 집은 방이 두 개 있었다. 하나는 셋이 함께 자는 침실 겸 우리 남매의 공부방이고, 다른 하나는 엄마의 서재였다. 엄마는 종종 서재나 거실에서 늦게까지 원고 작업을 했기에, 나는 '엄마가 거실에 있을 거야' 하며, 눈물을 꾹 참고 방문을 열고 나갔다.

거실은 깜깜했다. 인기척 없이 싸늘함만 감돌았다. 심장이 더 빨리 뛰었다. 이번에는 서재를 향해 천천히 걸어갔다.

'저 방문을 열면 엄마가 있을 거야.'

힘껏 문을 열었다. 엄마는 없었다. 엄마가 원고 쓸 때 걸치던 옷만 의자에 덩그러니 걸려있었다. 가슴이 쿵쾅거렸다. 내 심장 소리가 귀에 들리는 듯했다.

발코니 창문으로 밖을 내다보았다. 캄캄한 길에 가로등 불빛만 외로이 비추고 있었다. 뭘 어떻게 해야 할지 몰라 속으로 계속 되뇌었다.

'엄마가 제발 살아있기를….'

지금 같으면 열심히 기도했겠지만, 그때는 하나님을 모를 때였다. 겁에 질려 눈물도 나지 않았다. 엄마가 죽었을까 봐, 엄마가 날 버리고 떠났을까 봐 너무 두려웠다.

온몸에 한기를 느끼던 바로 그때, 거실 전화벨이 요란하게 울렸다. 나는 달려가 얼른 전화를 받았다. 엄마였다.

"애라야, 엄마야!"

수화기 너머로 엄마 목소리가 들려왔다. 눈물이 왈칵 터졌다.

알고 보니, 엄마가 집 열쇠를 깜빡해서 현관 벨을 계속 눌렀는데 오빠와 내가 곯아떨어져 소리를 못 들은 거였다. 엄마는 친구 집에 가서 계속 전화했단다. 어린 우리가 걱정되었는지 엄마의 목소리도 떨렸다.

사십 년이나 지났는데도 또렷이 기억나는 걸 보면, 그 사건이 내게 트라우마로 남은 것 같다. 트라우마의 언어적 의미는 단순히 '다친 곳'이지만, 사전적 의미는 '정신에 지속적인 영향을 줄 만큼 격렬한 감정적 충격'이다.

몇 번 경험한 엄마의 부재로 인해 어린 애라는 마음을 다쳤다. 그리고 그 무서웠던 기억은 '상실감'이라는 상처로 남았다. 실로 내 유년기는 엄마의 빈자리로 인한 결핍과 그에 따른 두려움이 크게 자리 잡은 듯하다.

우유 급식을 못 먹어도, 책가방 챙겨주는 사람이 없어도, 멜로디언이 없어도 '나는 불행해'라는 생각을 한 번도 해본 적이 없다. 하지만 엄마가 없는 순간만큼은 정말 불행하고 무서웠다. 어쩌면 엄마가 하늘나라에 가신 그날까지 나는 '엄마가 사라지면 어떡하지'라는 불안감을 안고 살았는지도 모른다.

그런데 엄마가 돌아가신 후, 내 삶을 송두리째 바꿀 비밀을 깨닫게 되었다. 하나님은 한 어린아이의 마음에 생채기로 남은 트라우마조차 달란트로 바꾸신다는 걸. 내 결핍과 두려움을 다른 생명을 살리는 도구로 쓰신다는 걸 말이다.

어린 시절, 나는 친구들보다 상대적 빈곤을 느끼며 살았기에 가난한 아이의 마음을 이해할 수 있었다. 엄마의 부재로 인한 결핍과 외로움이 깊었기에 부모 없이 자란 아이의 심정과 부모의 절대적인 필요성을 실감할 수 있었다.

내 삶의 모든 궤적은 하나님의 예비하심이었다. 목적을 향해 차근차근 인도하시는 그분의 이끄심이었다. 이제는 확실히 안다. 내 달란트는 일대일의 관심과 사랑을 받지 못하고 자라는 아이들에 대한 공감과 애끓는 마음이라는 사실을.

형제들아 너희는 각각 부르심을 받은 그대로
하나님과 함께 거하라

고전 7:24

하늘나라로 떠난 엄마

때로는 외롭고 쓸쓸했던 유년기가 상처가 아닌 행복한 기억으로 남아있는 이유는 엄마의 사랑 덕분이다. 모든 결핍을 채우고도 남는 엄마의 변함없고 조건 없는 사랑을 받으며 오빠와 나는 건강하게 자라났다. 엄마의 사랑은 하나님의 사랑과 가장 많이 닮아있다.

엄마는 우리 남매에게 사랑 표현과 스킨십을 정말 많이 해주었다. 나를 보고 "아유! 이뻐"라며 꼭 끌어안던 엄마의 행복한 표정이 지금도 떠오른다. 엄마의 품에 안긴 시간만큼은 모든 걱정과 외로움을 잊을 수 있었다. 엄마와 함께 보내는 시간이 양적으로는 턱없이 부족했지만, 질적으로는 충분했다.

난 엄마를 정말 사랑했다. 하지만 그 사랑을 충분히 표현하질 못했다. 오히려 너무 사랑하니까 엄마의 작은 단점도 그냥 넘어가지 못하고 성인이 되어서는 엄마에게 면박을 주거나, 말다툼할 때가 많았다.

그렇게 애증의 관계로 지내던 어느 날, 엄마가 암 선고를 받았다. 엄마 없는 세상은 상상조차 할 수 없는 내게 절대로 일어나서는 안 되는 일이었다.

'왜 엄마가 돌아가셔야 하지?'

운전하다 신호등에게 묻고, 걷다가 구름에 대고 물었다. 정원에서 봄꽃을 하염없이 바라보는 엄마의 야윈 등을 보며 물었고, 성경을 펼치고 기도하며 하나님께 묻고 또 물었다.

'주님, 왜 엄마를 데려가려 하세요? 저 엄마 없이 못 살아요. 제발 살려주세요.'

엄마는 1999년, 정민이가 돌을 맞이할 즈음 위암 3기 판정을 받았다. 당시 엄마는 쉰여섯 살이었다. 나는 돌잔치를 취소하고, 매일 혼자 울었다.

엄마는 위암 수술을 받았지만, 항암은 거부했다. 평생 공부하고 가르치는 일을 했기에 스스로 암에 관한 책을 읽어보고 본인에게 맞는 자연 치유를 택했다. 그 후 몇 년 동안 엄마는 마르긴 했지만, 그 어느 때보다 건강하고 행복하게 지냈다. 가족들이 엄마가 완치된 줄 알고 완전히 마음을 놓을 만큼.

그런데 발병 후 정확히 오 년이 지난 어느 날, 며칠 만에 본 엄마의 눈과 얼굴이 누렇게 변해있었다. 급하게 간 병원에서는 청천벽력 같은 얘기를 했다. 암이 재발했고 전이됐다고.

이삼 개월 시한부 선고를 받았던 엄마는 약 십오 개월을 버티다 2004년 8월 20일, 하나님 품에 안겼다.

마지막 몇 개월은 적막한 슬픔과 숨 막히는 고통의 시간이었다. 엄마는 아무것도 먹지 못했다. 물로 입만 축이고 오로지 링거로만 영양을 공급받았다. 하지만 우리에게는 늘 맛있는 걸 권했다. 식사 때가 되어 숨어서 요기하려는 가족들에게 "괜찮아, 엄마 앞에서 맛나게 먹어. 그래야 엄마가 행복하지"라고 했다.

나았으면 그럴 수 있었을까? 아무런 음식도 먹을 수 없고 하루하루 죽음을 향해 가는 자신보다 곁에 있는 가족을 더 신경 쓰고 배려할 수 있었을까? 아무리 사랑하는 가족이라도 그럴 수 없었을 거 같다. 하지만 엄마는 그랬다.

소천하기 며칠 전 엄마는 다시 병원에 입원했다. 온몸에 퍼진 암의 통증을 더 이상 집에서는 견딜 수 없는 상황이었다. 극심한 통증을 호소하는 엄마에게 병원에서는 강한 마약성 진통제를 원하는지 물었고, 엄마는 그렇게 해달라고 했다. 의사는 엄마에게 의식을 잃게 되니 마지막 인사를 나누라고 했다.

"동훈아, 정말 고맙다."

엄마는 끝까지 병상을 지킨 오빠에게 말했다. 그리고 내게도 말했다.

"애라야, 끝까지 네 옆에 있어주지 못해 미안해."

그리고 힘겹게 말을 이어갔다.

"밤마다 스스로 죽고 싶을 만큼 너무 아팠지만, 너희를 생각하며, 버텼어. 그게 엄마가 너희에게 주는 마지막 선물이야. 우리 아이들, 엄마가 많이 사랑한다. 너희는 정말 좋은 아들, 딸이야."

엄마는 마지막 말을 마치고 의식을 놓았다. 그리고 며칠 뒤 하늘나라로 떠났다.

그랬다. 엄마가 말할 수 없는 고통을 겪으면서도 일 년이 넘도록 버텨주었기에 온 가족이 엄마를 보살피고 떠나보낼 준비를 할 수 있었다. 우리는 틈날 때마다 서로 눈을 맞추고, 손을 잡고, 사랑을 표현하고, 대화하며, 이별을 준비했다. 엄마는 고통을 감내하며 마지막까지 우리에게 선물을 주고 떠났다.

엄마는 생전에 〈날 구원하신 주 감사〉라는 찬양을 자주 읊조렸다.

> 날 구원하신 주 감사 모든 것 주심 감사
> 지난 추억 인해 감사 주 내 곁에 계시네
> 향기론 봄철에 감사 외론 가을날 감사
> 사라진 눈물도 감사 나의 영혼 평안해

엄마는 길가에 핀 장미꽃 한 송이에도 감사했다. 병상에서도 이 찬양을 들으며 감사를 멈추지 않았다. 콧줄을 끼고, 아무것도 못 먹어 체중이 삼십 킬로그램이 되었는데도, 쉰 목소리로 찬송했다.
엄마의 수첩에도 감사 제목이 가득했다.

못 볼 줄 알았는데 가을의 낙엽을 보게 해주시니 감사합니다.

정민이가 크는 모습을 조금 더 볼 수 있어서 감사합니다.

개나리가 예쁘네요. 봄을 다시 맞이해서 감사합니다.

오늘은 통증이 약해서 감사합니다.

친구들이 찾아와 주니 감사합니다.

엄마에게는 매 순간이 절실한 감사였다.

'왜 착하디착한 우리 엄마가 그렇게 일찍 돌아가셔야 했나요?'

엄마가 하나님께 간 지 이십 년이 되어간다. 그때는 몰랐던 내 물음의 답을 여전히 알아가는 중이다.

사실 엄마가 떠나고, 내게는 하나님이 주시는 위로가 가득했다. 물론 엄마를 보고 싶고 만지고 싶어 수시로 눈물짓곤 했지만, 내면 깊은 곳은 평안했다.

엄마 이야기를 쓰는 지금도 눈물이 난다. 너무 보고 싶다. 하지만 하나님의 때에 하나님의 방법으로 엄마를 데려가셨다고 믿기에 감사하다. 이 감사는 엄마가 물려준 귀한 유산이다.

올해 나는 엄마가 위암 선고를 받은 때와 같은 나이가 되었다. 종종 나는 엄마의 삶과 내 삶을 이어 생각해 본다. 엄마의 인생처럼 나에게도 앞으로 육 년 정도의 시간이 남아있다면, 과연 어떻게 살아야 할까를 그려본다.

엄마, 도련님, 그리고 최근에 아버님까지 소중한 사람들을 먼저 보낸 경험은 몸서리쳐지는 아픔이고 사무치는 그리움이다. 하지만 희한하게도 동시에 깊은 감사이기도 하다. 하루하루가 누구에게나 당연히 주어지는 게 아니라는 사실을 깨달았고, 삶에서 무엇을 중요하게 생각해야 할지를 알게 되었기 때문이다.

그리고 무엇보다 보고 싶은 그들과 다시 만날 수 있다는 천국 소망이 나에게는 확실하게 생겼다.

죽음은 끝이 아니라, 기대되고 기다려지는 새 삶의 시작이다. 머리로는 알았지만, 마음으로는 도저히 받아들여지지 않고 두렵기만 했던 죽음 이후의 영원한 생. 그것이 아무 이유 없이 믿어지게 되었다는 것, 그것이 기적이자 은혜이자 가장 큰 감사다.

우리 주 예수 그리스도의
아버지 하나님을 찬송하리로다
그의 많으신 긍휼대로
예수 그리스도를 죽은 자 가운데서
부활하게 하심으로 말미암아
우리를 거듭나게 하사
산 소망이 있게 하시며

벧전 1:3

그리스도 안에서 죽은 자들이 먼저 일어나고

그 후에 우리 살아남은 자들도

그들과 함께 구름 속으로 끌어올려

공중에서 주를 영접하게 하시리니

그리하여 우리가 항상 주와 함께 있으리라

살전 4:16,17

세 번째 흔적

2022년 8월 15일

엊저녁에는 용인시 신갈에 있는 한 교회에 다녀왔다. 현관문을 열고 들어오는 나를 반겨주는 남편과 두 딸의 얼굴을 보는데 갑자기 생경한 느낌이 들었다. 마치 남의 집 현관문을 열고 들어간 거처럼 낯선 이 느낌은 어디서 오는 것일까?

만약 누군가가 과거의 내게 "신애라 씨, 당신은 2022년 8월의 어느 주일 저녁, 처음 방문하는 교회에서 보육원의 아동을 돕기 위한 연설을 할 것이고, 집에 돌아오면 열여덟 살, 열여섯 살 두 딸이 남편과 함께 당신을 맞을 것입니다"라고 말했다면, 나는 아마 코웃음을 쳤을 것이다.

왜냐하면 이 상황은 내가 그리는 미래에는 존재하지 않는, 나와 상관없는 이야기로 들리기 때문이다. 서툰 예언을 한 그 누군가에게 나는 "내 의지로 그런 삶을 살 리가 없어요"라고 답했을 것 같다.

이 글을 읽는 당신도 때때로, 불현듯, 일상을 낯설게 느낀 적이 있는지 궁금하다. 분명 내가 사는 오늘은 과거의 내가 한 크고 작은 선택의 결과다. 하지만 내 삶이 내 의지에 의해 이루어진 게 아닐 수도 있다는 생각을 한 적이 있는가? 나는 가끔 그렇다.

그저 하루하루 순간순간을 살아오며 그 선택의 점들이 하나의 선으로 이어져 이 자리까지 오긴 했지만, 내가 하나님의 생각과 계획 안에서 움직였다는 느낌. 내가 무얼 했든, 내 모든 선택이 결국은 협력해서 이 자리까지 오게 되었다는 느낌. 그것들이 불현듯 마주하는 상황을 생소하게 느끼게 한다.

엊저녁이 그랬다. 신갈의 그 교회에 출석하지도 않을뿐더러 생전 가본 적도 없다. 그런데 어제 오후 그 교회에 가서 불과 수년 전에는 알지 못했던, 아니 존재하지도 않았던 '야나'라는 단체를 설명하고, 동참을 호소하는 이야기를 했다. 과연 무엇이 나를 그렇게 만들었을까? 그뿐만이 아니다. 집에 돌아왔더니 두 딸과 남편이 있었다.

남편은 내가 선택한 게 맞다. 그런데 난 두 딸을 낳은 적이 없다. 첫딸 예은이는 엄마가 돌아가시고 일 년이 조금 지난 어느 날, 강남구 역삼동의 대한사회복지회 영아원에 누워있다가 우리 집으로 입양됐다. 둘째 예진이는 이 년 뒤에 입양되어 우리 가정의 막내딸이 됐다.

모든 일이 순식간에 일어났다. 아이들을 입양한 것 역시 내 선택이었으니, 내 의지로 한 게 맞지 않냐고 반문할 수 있다. 맞다. 오빠와 단둘이 외롭게 자랐기에 결혼하면 아이를 많이 낳고 싶었다. 낳다가 더 이상 낳기 어려워지면 입양도 해서 우리 집에는 아이가 많기를 바랐다. 내가 선택했고, 가족과 상의해서 결정했다.

왜 난 어릴 때 여러 외로운 상황을 겪었을까? 그런 상황을 통해서 왜 아무렇지도 않게 입양을 원하게 됐을까? 어떻게 입양에 대해 아무런 반대와 편견이 없는 남편과 가족을 만났을까?

이런 구체적인 상황이 모두 우연일까? 그렇지 않다는 것을 나는 잘 알고 있다. 누군가가 내 생각과 삶 속에서 목적과 의도를 갖고 이끌고 있다는 것도 안다. 하지만 여전히 그 사실이 신기하고 놀랍다. 삶이라는 바다에서, '신애라'라는 배의 조타 장치를 잡고 계신 존재, 더불어 당신의 배 또한 이끌어 주시는 분에 대한 감사와 경외가 넘칠 뿐이다.

내가 네 갈 길을 가르쳐 보이고
너를 주목하여 훈계하리로다

시 32:8

너는 범사에 그를 인정하라

그리하면 네 길을 지도하시리라

잠 3:6

가정 체험

월요일이지만 공휴일인 오늘은 보육원 아이 두 명과 나들이를 가는 날이다. 모처럼 딸들을 대신해 남편이 조수가 되어 따라나섰다. 휴일 오후, 보육원 마당은 방문객이나 노는 아이들 없이 텅 비어있었다. 일 층 로비에서 잠시 기다리니 선생님이 철이(가명)와 순이(가명)를 데리고 내려오셨다. 철이는 여덟 살, 순이는 일곱 살로 둘은 남매지간이다.

아이들 눈이 보석처럼 반짝거린다. 철이는 동생 순이의 손을 꼭 쥔 채 나와 남편에게 인사를 꾸벅했다. 남매를 차에 태운 우리는 반나절 동안 아이들에게 나들이를 포함한 가정 체험을 시킬 예정이다.

1950년 한국전쟁이 터지면서, 쏟아지는 전쟁고아들을 살리기 위해 전국에 보육원(당시는 고아원)이 우후죽순 생겼다. 고아들에게는 밥이 필요했다. 아사하는 일이 다반사였기 때문이다. 지금 그런 아이는 거의 없다. 특히 시설에 있는 아이에게 그런 일이 일어나는 건 허용되지 않는다. 그만큼 경제는 성장했고, 사회도 발전했다.

하지만 그때나 지금이나 아이들은 여전히 일대일의 관심과 사랑에 굶주릴 수밖에 없다. 아무리 시설이 좋고, 선생님이 훌륭해도 시설에서는 가족 간의 개별적인 사랑이 결핍될 수밖에 없다.

아이는 일대일로 사랑과 관심을 받는 시간이 꼭 필요하다. 하지만 삼만 명 정도의 요보호아동 중 원가족 복귀나 입양으로 가족을 갖게 되는 아이는 극소수이고, 위탁도 어려운 실정이다.

나는 이를 해결할 유일한 방법이 '가정 체험'이라고 생각한다. 물론 말처럼 간단한 문제는 아니다. 가정 없이 시설에서 자라는 아이에게 가정 체험이 중요하다는 사실은 누구나 알고 있지만, 막상 아이에게 가정 체험을 허락해 줘야 하는 보육원의 입장은 제각각이다.

보육원 중에서는 아이를 입양 보내는 일에 적극적이고 가정 체험을 반기는 곳이 있지만, 봉사자의 출입이 적고 문이 굳게 닫혀있는 곳도 많다. 그런 곳은 '지원은 받되 우리가 알아서 안전하게 키울게요'라는 입장이다.

일면 이해는 된다. 보육원의 울타리 안에서는 아이들의 사고 위험이 현저히 줄 것이다. 게다가 단체생활을 하는 보육원에서 봉사자를 만났던 아이가 감기나 전염병에라도 걸려 돌아오면 다른 아이에게 옮길 수도 있다. 보육원 전체의 안위를 고려했을 때, 울타리를 치고 아이들을 그 안에서만 자라게 하는 것이 가장 안전하다고 여길 수도 있다.

그러나 과연 그게 정말 옳은 걸까? 사람이 밥으로만 성장하는 존재인가? 가정이 뭔지도 모르고, 경험하지도 못한 아이에게, "보육원 안에서 사고 없이 자라기만 하면, 커서 좋은 가정을 꾸릴 수 있을 거야"라고 말할 수 있을까? 발달 시기에 따른 마땅한 자극을 경험하지 못해 정상적인 뇌 발달을 이루지 못하고, 나아가 건강한 자아를 형성하지 못한다면 그건 누구의 책임일까?

아이는 작은 실패들을 통해 살아가는 법을 배운다.

보육원을 일반 가정처럼 바라볼 필요가 있다. 가정에서도 아이를 집에만 놔둔다면 바깥세상에서 일어날 수 있는 여러 위험에서 보호할 수는 있을 거다. 하지만 언젠가 세상에 나와 자립해야 하는 아이에게, 부모는 그런 무조건적인 안전을 제공하지 않는다. 위험을 감수하더라도 아이를 위해 다양한 경험을 시키려 한다.

울타리 밖에서 맞닥뜨릴지 모르는 위험 요소보다 울타리 안에 갇혀만 있을 때 잃는 것이 훨씬 크다. 진정 아이들을 위한다면 시설도 문을 열고 더 많은 체험의 기회를 주길 바란다.

나들이

아이가 자라면서 가장 중요하게 경험해야 하는 것은 일대일의 사랑과 관심이다. 그래야 고귀하면서도 보편적 감정인 '사랑'을 온전히 주고받을 줄 아는, 사회성 있는 구성원으로 자랄 수 있다. 그 경험은 학습으로 얻어지는 게 아닌 오로지 보고 듣고 느끼는 경험을 통해서만 얻을 수 있다.

'어떻게 하면 보육원에 피해를 덜 끼치고 아이들에게 일대일로 다양한 경험을 시켜줄 수 있을까?'

고민하는 내게 하나님이 주신 아이디어가 '나들이'였다. 시설에 있는 아이들이 제일 못하는 경험이 '외식'과 '여행'이라고 한다.

많은 가족이 휴일에 아이와 나들이를 간다. 아이는 부모와 함께하는 특별한 그날을 손꼽아 기다린다. 가정의 아이처럼 시설의 아이도 봉사자와 함께 특별한 시간을 보내면 어떨까? 나들이를 통해 가정에서 자라는 아이의 경험을 나누어 주면 어떨까?

물론 보육원에서도 나들이를 간다. 소풍도 가고, 운동회도 연다. 아이의 경험을 중요하게 여겨 휴가철에는 여행도 데려가는 좋은 시설도 있다. 하지만 그나마 바깥 활동을 하더라도 전부 단체 경험이다.

아이들은 기질과 개성이 다 다르다. 동물원에서 호랑이를 보고 싶어 하는 아이가 있는가 하면, 놀이 기구에 더 관심 있는 아이도 있다. 그러니 저마다의 개성은 무시된 채 단체로 다닐 수밖에 없는 보육원 아이들이 다채로운 욕구와 호기심이 충족되는 일반 가정의 아이보다 지능과 정서가 떨어지는 건 필연적인 결과다.

내가 말하는 '나들이'의 목적은 보육원 아이가 단체에 국한되어 제대로 체험하지 못하는 개별적이고 일상적인 경험을 누리는 것이다. 예를 들어 '숲이나 공원에서 마음껏 뛰어놀기', '영화나 공연 관람 등 문화생활 즐기기', '놀이공원이나 아쿠아리움 체험하기', '평소에 먹고 싶었던 메뉴로 외식하기' 등이다. 하나같이 아이가 있는 가정이라면 자주 하는 일상적인 활동이다. 그러나 보육원 아이는 이것들을 제대로 경험하지 못하고 어른이 된다.

물론 나들이를 책임지는 봉사자는 단단히 각오해야 한다. 크든 작든 아이가 사고를 당하면 안 되기에 신경을 써야 할 게 한둘이 아니다. 내가 나들이를 다녀온 날이면 남편이 "오늘도 영혼까지 탈탈 털리고 왔네"라고 말할 정도로 봉사자의 체력 소모가 큰 게 사실이다. 실제로 다크 서클이 턱까지 내려와 있는 내 모습은 가관이다. '열 살만 어려도 날아다닐 텐데' 하다가도 '십 년 후보다는 지금이 낫겠지'라고 생각한다.

몸은 파김치가 되어 아무것도 못 하고 쓰러지지만, 또다시 주말이 다가오면 아이들의 웃는 모습이 눈에 아른거린다. 가끔 동행하는 딸들도 나들이를 다녀온 며칠 동안은 "엄마, ○○ 생각나"라며 보고 싶어 한다.

남매

　내가 운전하고, 남편은 조수석에, 두 아이는 뒷자리에 태웠다. 철이가 안전띠를 매더니, 순이의 것도 확인한다.

　남매는 시설에 온 지 삼 년이 되었다고 했다. 가정에서 자라다가 혼자가 된 아빠에 의해 임시로 맡겨진 거였다. 현재 많은 아이가 학대, 방치를 비롯한 여러 이유로 가정에서 자라다 시설에 맡겨지고 있다. 잠시 맡겨진 후 부모가 다시 찾아가는 아이는 행운아다. 찾아가지는 못하더라도 주기적으로 아니, 일 년에 한 번이라도 찾아오는 부모가 있다면 좀 나은 편이다. 맡겨진 채 기다리던 부모를 한 번도 보지 못하고 퇴소할 나이가 되는 아이도 많다고 한다.

　철이는 '보육원의 마스코트'라고 할 만큼 예의가 바르고 인사성도 밝았다. 게다가 어린 나이임에도 동생을 살뜰히 챙기는 모습에서 절절한 우애가 느껴졌다. 목적지로 향하는 차 안에서 남편이 물었다.

　"애들아, 이따가 뭐 먹을까? 너희가 선택해. 일 번 자장면과 탕수육, 이 번 피자, 삼 번 다른 거."

　아이들은 답하기를 머뭇거렸다. 남편이 다시 물었다.

　"자, 하나, 둘, 셋, 하면 먹고 싶은 것 동시에 말하기야. 하나,

둘, 셋!"

"자장면", "피자."

두 개의 답이 흘러나왔다. 오빠 철이는 자장면을 말했고, 동생 순이는 피자를 외쳤다. 그 순간, 철이가 얼른 말을 바꿨다.

"저도 자장면 말고 피자요."

철이는 단 일 초도 안 되어 먹고 싶었던 자장면을 포기하고, 동생이 원하는 걸로 마음을 바꿨다.

"둘 다 먹어도 돼."

남편이 말했다.

"아니에요. 저도 피자 먹고 싶어요."

철이가 답했다. 고작 여덟 살인 아이가 그간 얼마나 많이 동생에게 양보했길래, 그 짧은 순간 자신이 원하는 걸 포기하는 기술이 생긴 걸까…. 아이를 보고 있자니 마음속에서 눈물이 찔끔 흘렀다. 아이가 그간 겪었을, 또 앞으로 겪을 현실의 혹독함에, 수도 없이 자신의 마음을 접어야 하는 삶이 애달프게 느껴졌다.

우리는 뮤지컬을 보러 어린이회관으로 향했다. 아이들 사이에서 인기를 끌고 있는 캐릭터 '핑크퐁'을 만드는 기업에서 '야나'를 통해 보육원의 아이들을 초대해 주었다.

"이런 데 와본 적 있어?"

내가 물었다.

"아니요."

철이가 말했다.

주차장에서 공연장으로 걸어가는 야외 통로에는 부모 손을 잡고 온 또래 아이가 많았다. 나는 순이의 손을, 인표 씨는 철이의 손을 잡고 우리도 여느 부모처럼 공연장 로비로 들어갔다.

로비는 예쁜 의상을 차려입은 어린이 관객과 가족들로 인산인해를 이루었다. 아이들은 너나 할 것 없이 별 모양이 달린 마법 막대기를 하나씩 들고 있었다. 버튼을 누르면 불이 반짝거리는 지팡이였는데, 로비에서 팔았다.

핑크퐁 등신대와 사진 찍는 코너에 캐릭터 옷을 입은 아이들과 부모의 줄이 길게 늘어서 있었다. 나도 두 아이를 데리고 줄에 섰다. 줄에서 평상복을 입은 아이는 철이와 순이가 거의 유일했다. 마법 막대기가 없는 것도 철이와 순이가 유일했다.

인표 씨가 눈짓으로 아이들에게 마법 막대기를 사주자 했지만, 내가 제지했다. 나들이 활동을 나온 아이에게 선물을 주지 않는 것은 속상하지만 꼭 지켜야 할 약속이다.

"아이가 얼마나 갖고 싶겠어요. 그런 기회도 흔치 않을 텐데. 얼마 되지도 않는데 그냥 사주면 안 될까요?"

많은 이가 안타까운 표정으로 이렇게 물어온다. 하지만 아이에게 그 어떤 물건도 주지 말아야 하는 이유는 명확하다.

첫째, 아이가 얻어야 할 것은 새로운 경험과 일대일의 돌봄이지

공짜로 생기는 물건이 아니다. 아무 노력 없이 무언가를 얻는 경험을 자주 하면 오히려 아이에게 독이 될 수 있다. 아이는 물고기를 얻는 대신, 물고기 잡는 법을 배워야 한다. 물고기를 주는 건 오히려 쉽다. 그러나 물고기만 받던 아이는 스스로 잡는 힘을 결코 기르지 못한다.

또한 어려서부터 받는 데 익숙해진 아이는, 나이가 들어서는 큰 것도 아무렇지 않게 원할 수 있다. 아니, 오히려 당연히 받아야 하는 것으로 생각할 수도 있다.

둘째, 온종일 시설에 있던 아이들은 나들이를 다녀온 친구가 가져온 선물이 부럽다 못해 상처가 되기도 한다. 나들이를 못 간 것도 속상한데 상대적 박탈감까지 안겨줄 필요는 없다.

셋째, 나들이 봉사를 다녀온 동생이 해준 이야기다. 함께 나간 아이가 어떤 물건을 가리키며 사달라고 했단다. 규칙상 사줄 수 없다고 하니 "다른 봉사자는 사줬는데 왜 안 돼요?" 하더란다.

봉사자 중에는 형편이 여유롭지 않은 사람도 있다. 그들은 쉽지 않은 상황에서도 아이들을 향한 긍휼과 사랑으로 자신의 시간과 힘을 나누는 것이다. 그 귀한 마음이 물질에 가려져 왜곡되는 일은 없어야겠다.

이렇게 분명한 이유를 알고 있지만, 나 역시 늘 뭔가를 사주고 싶다. 아이의 환한 미소를 보고 싶다. 그럴 땐 스스로 되뇌며 나 자신을 억누른다.

'이건 내 욕구야, 아이에게는 전혀 유익하지 않고 해가 되는 값싼 동정심.'

그날도 그랬다. 사진 촬영 순서를 기다리는 내내 아이들에게 마법 막대기를 사주고 싶은 유혹을 끝까지 참았다.

내 아이였다면 어땠을까? 어린 예은이와 예진이었다면? 당연히 사달라고 졸랐을 것이다. 아니, 조르기도 전에 아이들 손에 이미 들려 있었을 거다. 그런데 철이와 순이는 줄 서 있는 내내 마법 막대기를 갖고 싶다는 이야기를 한 번도 하지 않을뿐더러, 애써 막대기에 눈길도 주지 않았다. 내가 '사주고 싶은 마음'을 참고 있는 것보다 더 힘겹게 '갖고 싶은 마음'을 참고 있음이 분명했다. 순간, 멜로디언이 불고 싶은데 피리를 들고 학교에 가야 했던 어린 애라가 겹쳐 보였다.

공연은 여자아이들이 좋아할 만한 내용이었다. 철이는 조금 지루한 듯 보였지만 끝까지 손뼉을 치며 호응했다. 순이는 공연 내내 넋이 나간 채 빠져들었다.

공연을 마치기 전, 무대 위의 핑크퐁이 "친구들, 모두 마법 막대기를 흔들어!"라고 외쳤다. 어두웠던 공연장 내에 별 무리가 뜬 것처럼 수백 개의 막대기가 반짝이며 빛의 파도를 만들었다. 철이와 순이는 막대기 대신 내 손을 잡고 허공에 팔을 흔들었다.

돌아보지 않는 아이들

공연이 끝난 후 우린 집에 가서 피자와 자장면을 시켜 먹기로 했다. 남편이 집으로 향하는 차 안에서 미리 주문했고, 저녁 다섯 시경 집에 도착하자 딸들이 현관에서 철이와 순이를 맞았다.

곧이어 자장면과 탕수육, 피자가 도착했다. 우리는 한 가족처럼 둘러앉아 식사 기도를 하고 먹었다.

식사 후에는 그림 그리기를 했다. 딸들이 준비한 글래스 매직으로 거실의 통유리를 캔버스 삼아 그림을 그렸다. 그림은 물로 지워지지만, 난 지울 생각이 없다. 지금도 우리 집 거실 유리창엔 남매의 그림이 그대로 있다.

그림을 그리는 동안 아이들의 웃음소리가 끊이질 않았다. 예은이, 예진이가 어렸을 때 들려주던 천진난만한 웃음소리가 다시 찾아온 듯했다.

그림 그리기를 마치고, 예진이가 순이를 자기 방으로 데려가 머리를 땋아주었다. 예진이는 손재주가 있어 머리를 땋는 솜씨가 일품이다. 순이는 자기 머리모양이 변하는 게 신기한지 내내 얌전히 앉아 거울을 들여다보았다. 철이는 순이 곁에서 동생을 유심히 바라보았다.

아이들에게 흠뻑 빠진 남편이 말했다.

"너희들 다음에 우리 집에 또⋯."

그 순간, 나와 예은이, 예진이가 동시에 아빠의 말을 제지하듯 눈길을 돌려 그를 바라보았다.

아이들에게 물건을 사주면 안 되는 것만큼이나 중요한 규칙은 '약속하지 않는 것'이다. 이미 한번 마음이 깨어진 아이들이다. 이제나저제나 부모가 올까 기다림에 지친 아이에게 지키지 못할 수도 있는 약속을 해서는 안 된다.

남편은 엉겁결에 말을 다 마치지 못하고 입을 닫았다.

어느덧 헤어질 시간이 다가왔고, 우리는 철이와 순이를 보육원에 데려다주었다. 로비에서 인사를 하고, 한 번씩 안아주었다. 아이들은 내 품에 꼭 안겼다. 그러고는, 뒤도 돌아보지 않고 빠르게 계단을 올라갔다.

예전에 보육원 봉사를 다닐 때, 간혹 전화번호나 주소를 물어보는 아이가 있었다.

내가 "음, 미안해. 가르쳐 줄 수가 없어. 미안해"라고 하면 아이는 "네~" 하고 바로 단념했다. 전혀 조르지 않았다. 봉사를 마칠 즈음, 내가 "이제 가야 할 시간이야"라고 하면 아이들은 미련 없이 벌떡 일어났다. 물론 그렇지 않은 아이도 있지만 열 명 중 고작 한두 명 정도고, 나머지는 나를 떠나보낼 준비를 하고 있었다.

어릴 적 내 모습이 겹쳐 보였다. "엄마, 저거 사줘"라는 말을 안하고 "엄마, 이담에 사줘"라고 습관처럼 말했던 나. 형편이 어려워 사줄 수 없는 엄마를 배려하는 마음도 있었겠지만, 엄마가 "안 돼"라고 했을 때 겪을 거절감이 싫어서 그랬을 수도 있다. 나는 지금도 누군가에게 뭔가를 제안할 때 "진짜 안 돼도 괜찮으니까…"라는 전제를 다는 편이다. 상대의 단순한 거절을 내 존재를 거절하는 것처럼 느끼는 건강하지 못한 마음이 여전히 나를 힘들게 할 때가 있다.

정신없이 놀다가도 봉사자가 떠나는 순간이 되면 뒤도 돌아보지 않고 사라지는 아이들. 나는 그 모습이 아이의 방어기제라고 생각한다. 거절당하는 것 같은 기분과 상실감으로 인해 생길 수 있는 상처를 본능적으로 떨쳐내려는, 살아남고자 자신도 모르게 쓰게 되는 방어기제. 아이들의 마음이 느껴져서 가슴 한편이 저려왔다.

그날 밤, 철이와 순이는 어떤 꿈을 꾸었을까? 두 아이의 작고 여린 마음에 가정의 어렴풋한 형상이 새겨졌길 바란다.

가정 체험은 아이의 현재뿐 아니라 미래를 위해 더더욱 중요하다. 가정을 경험하지 못한 아이가 어떻게 가정을 꾸릴 수 있겠는가! 가정의 따스함을 모르는데 어떻게 따뜻하고 화목한 가정을 꿈꿀 수 있겠는가!

학습으로 배울 수 없는 것 중의 하나가 가정생활이다. 실제로 경험하는 것 외에는 배울 방법이 없다. 그렇기에 종종 들려오는 자립 청년의 이혼 소식은 내 마음을 더 아프게 한다. 가정에서 자라지 못하는 아이에게 가정 체험이 꼭 필요한 이유 중 하나다. 가정 체험은 그 아이들에게 소중한 미래를 선물하는 일이다.

> 하나님이 고독한 자들은 가족과 함께 살게 하시며
>
> 시 68:6

나들이 사례

예은이와 예진이는 보육원 봉사를 무척이나 좋아한다. 남동생 입양하기를 원하던 차에 봉사를 함께 하니 동생들을 만날 수 있어 입이 귀에 걸렸다. 하지만 시설에 아이가 워낙 많다 보니, 한 아이와 제대로 놀아주지 못해 안타까워했다. 그래서 아이 한 명과 온전히 시간을 보낼 수 있는 나들이 봉사는 딸들에게 좋은 기회가 되었다.

세상의 모든 아이는 생김새가 다르듯 기질과 성향도 다르다. 당연히 나들이를 나오는 아이도 한 명 한 명 다 다르다. 얼마나 예쁘고 소중한지 모른다. 그 아이들에 대해 이야기하려 한다. 아이의 이름은 전부 가명이다.

현이는 숲에서 모래만 가지고도 정말 재미있게 놀았다. 모래를 조금 쌓아놓고, 물 붓기만 한 시간을 넘게 했다. 모래놀이를 마치고는, 킥보드를 타고 놀이터를 뱅글뱅글 돌았다. 그냥 돌기만 하는데도 한껏 신이 난 표정을 지었다. 마땅히 누려야 할 나이에, 보육원의 한정된 공간에서 마음껏 뛰놀지 못하던 아이가 넓은 공원을 자유롭게 활보하니 얼마나 즐거웠을까. 함박웃음을 짓던 현이의 표정은 "나는 지금 행복해요"라고 말하는 듯했다.

훗날 현이가 세상을 살면서 행복이 어떤 감정인지 어렴풋할 때, 오늘을 회상하기를, 너른 놀이터에서 킥보드를 타고 연신 함박웃음을 짓던 기억을 떠올리며 세상은 살 만한 곳이라는 용기를 얻길 바란다.

준이는 마치 태어나서 개미를 처음 본 것처럼 무서워했다. 그도 그럴 것이 지난 삼 년간 시설의 작은 아이들은 코로나 팬데믹으로 외출을 거의 하지 못했다고 한다. 코로나 초기에 돌 정도가 된 아이들은 다섯 살이 되도록 시설 밖 세상을 경험하지 못한 것이다.

일반 가정도 출입이 자유롭지 못하긴 마찬가지였으나, 그래도 가정의 아이는 부모 손을 잡고 동네 놀이터나 공원, 마트에도 가고 간간이 외식도 했다. 하지만 시설의 아이들은 봉사자는커녕 맡겨 놓은 부모와의 만남도 쉽지 않을 때가 많았다. 작은 방안에서 친구들 그리고 보육사 선생님과만 지낸 시기였다. 그러다 보니 다섯 살이 되어 처음 나온 세상이 두렵고 무서운 건 당연했다.

나는 준이에게 부드럽게 말했다.

"괜찮아, 개미는 그냥 작은 곤충이야. 무서운 게 아니야. 우리 같이 한번 볼까?"

그리고 준이의 손을 잡고 개미에게 다가갔다. 하지만 아이는 이내 뒷걸음질 쳤다. 나는 작전을 바꾸어 "이모가 개미 못 오게 해줄게! 멀리서 보기만 하자. 우와~ 저기 있다, 여기도 있네!" 하며 개미 찾기 놀이를 시작했다.

어느 순간, 준이도 내 말을 따라 "개미, 여기 있다, 저기 있다!"라고 외치며 그때부터는 개미만 쫓아다녔다.

아이들은 별것 아닌 것에도 호기심을 보이며 즐거워한다. 아이와 놀아주는 게 어렵다고 하는 분을 종종 만난다. 그런데 방법은 생각보다 간단하다. 어른이 "이거 보자, 저거 보자" 하며 주도하는 게 아니라 아이가 관심 있어 하는 것을 마음껏 관찰하도록 자유롭게 풀어놓기만 하면 된다. 우리의 역할은 안전하게 보호막을 쳐주는 것, 그게 전부다.

특히 유아 시기에는 공원 같은 자연이 가장 좋은 놀잇감이다. 벌레도 관찰하고, 흙도 만져보고, 나뭇잎도 주워보고, 누워서 바람도 느껴보고, 새소리도 듣게 하는 것이 가장 훌륭한 배움이다.

하지만 시설의 아이들은 그런 배움을 여유 있게 접할 기회가 거의 없다. 단체로 움직여야 하는 시설의 특성상 개개인의 취향이나 욕구를 일일이 수용해 주기는 불가능하기 때문이다. 한 명의 보육사가 다섯 명이 넘는 또래 아이들을 돌봐야 하는 현실이 안타깝다.

지칠 줄 모르던 여섯 살 별이

별이는 주의력결핍 과다행동 장애(ADHD)가 있었다. 나는 김밥을 싸서 별이를 한강 둔치로 데려갔다. 도착하자마자 별이는 내 손을 뿌리치더니 인파 속으로 내달렸다. 겨우 쫓아가서 잡으면 잠깐 멈췄다가 다시 손을 뿌리치고 또 뛰어갔다. 함께 갔던 언니가 없었다면 난감한 상황이었다. 아이는 지칠 줄을 몰랐다.

별이는 별천지에 온 것처럼 뛰어다니다, 한 번씩 나를 흘깃 바라보았다. "나 계속 뛰어도 돼요? 뛰지 말라고 혼낼 건가요?"라고 묻는 듯했다. 보육원의 일상적인 단체생활 속에서는 불가능한 마음껏, 실컷, 자유롭게 뛸 수 있는 공간과 시간이 별이에게 처음으로 주어진 거였다.

아이의 마음이 느껴져서 내가 말했다.

"이모가 뒤에서 지켜볼 테니까, 실컷 뛰어!"

천방지축 뛰는 별이를 쫓아다니느라 우리는 결국 녹초가 되었지만, 기뻐하는 아이 모습에 피로가 싹 가셨다. 별이는 한참을 내

달린 후, 개운한 표정으로 뛰는 것을 멈췄다.

우당탕탕 여섯 살 한이와 일곱 살 결이

하루는 한이와 결이, 남자아이 둘을 데리고 전시장에 갔다. 둘 다 보육원에서 까불고 말을 잘 듣지 않는 아이여서 딸들이 동행해 주었다. 그런데 보육원을 나와 나들이를 떠난 첫 몇십 분 동안, 한이와 결이는 말을 전혀 하지 않았다. 바깥세상에 적응할 시간이 필요했던 것 같다.

그날 나는 아이들에게 지하철 타는 경험을 시켜주려고 전철을 이용해 전시장에 갔다. 역에서 에스컬레이터로 지하에 진입하는 순간, 두 아이의 눈이 휘둥그레졌다. 코로나 때문에 삼 년간 보육원 밖으로 외출해 본 적이 거의 없는 아이들에겐 지하철역의 모든 게 볼거리요, 놀거리였다.

달리는 열차 안에서 이것저것 한참을 구경하고 신기해하다가 마침내 전시장에 도착했다. 아이들은 긴장이 풀리고 적응이 됐는지 고삐 풀린 망아지처럼 전시장을 뛰어다니기 시작했다. 그림을 만지려 팔을 뻗기도 했다. 다행히 관람객이 많진 않았지만, 나는 아이들에게 관람 예절을 가르쳐야 할 의무가 있었다. 내 아이라면 그렇게 했을 테니 말이다. 나는 두 아이를 붙잡고 눈높이를 맞춰 무릎을 꿇고 말했다.

"봐봐. 여기 계신 분들은 다 조용하지? 여기는 뛰는 곳이 아니야. 조용히 걸어 다녀야 해. 그리고 그림은 망가질 수도 있어. 그래서 절대로 만지면 안 돼. 떨어져서 보는 거야. 알겠지?"

차근차근 주의를 줬지만, 말이 끝나기 무섭게 한이와 결이는 서로 눈을 마주치고 킥킥거리며 달아났다. 그 모습이 귀엽기도 했지만 내 자녀에게 그랬듯 두 아이에게도 다시 알려줘야 했다. 이런 경험을 통해 살아가는 데 필요한 예의범절과 매너를 자연스럽게 배우는 거니까. 가정 체험은 그런 배움도 포함한다.

나는 한이와 결이를 쫓아가 다시 얘기했다.

"뛰면 안 돼. 그림이 궁금하지? 그래도 만지는 건 아니야. 그게 미술관의 규칙이야."

아이들이 뛸 때마다 계속 붙잡고 말해주었다. 천번 만번 가르쳐야 한다는 걸 알면서도 더 이상 얘기하는 게 지치려던 찰나, 결이가 다시 그림에 손을 뻗었다. 그때 감격스러운 일이 벌어졌다. 아이가 그림에 향하던 손을 순간 자기 쪽으로 다시 거둬들였다. 드디어 학습이 이루어진 거였다. 말이나 지식이 아니라 실제 상황 속에서 경험을 통해 자연스럽게 터득이 된 순간이었다.

두 아이는 그날 태어나서 처음으로 전시장에 갔다. 남들은 숱한 경험을 통해 자연스럽게 아는 것을 이 아이들은 경험하지 못했기에 모를 뿐이었다. 일대일로 자세히 알려주는 사람이 없었기에 습득하지 못한 것뿐이었다.

이처럼 시설의 아이도 다양한 경험을 통해 더불어 살아가는 세상 속에서 사회성을 키우고, 여느 아이가 누리는 일상의 체험을 누리며 자랄 수 있기를 바란다.

강아지를 때리고 싶다던 다섯 살 석이

어떤 아이는 과격한 언어로 마음을 표현하기도 한다. 마음도 배우는 건데 자신의 마음을 살펴본 적도, 말로 표현하는 법을 배운 적도 없기 때문이다.

나는 석이를 한강 둔치에 데려갔다. 너른 잔디밭이 여름 볕에 반짝거렸다. 여기저기 놀러 나온 사람들이 보였다. 강아지를 데려온 사람, 자전거를 타는 사람, 아이를 목말 태우고 노는 아빠도 있었다. 한강 둔치에 처음 와본 석이는 처음 삼십 분 정도는 비둘기 근처에도 못 가고, 지나가는 강아지만 봐도 내 뒤로 슬금슬금 피했다. 그러던 어느 순간, 지나가는 강아지를 보고는 대뜸 소리쳤다.

"저 개를 때리고 싶다! 죽이고 싶다!"

강아지 주인이 깜짝 놀라 석이를 쳐다보았다.

나는 강아지에게서 눈을 떼지 못하는 석이에게 가만히 물었다.

"석이가 강아지한테 관심이 있구나. 우리 가서 강아지 한번 만져볼까?"

석이는 잠시 머뭇거리다 고개를 끄덕였다. 주인의 허락을 구하고 우리는 강아지 곁으로 다가갔다. 내가 먼저 강아지를 천천히 쓰다듬었다. 순한 강아지였다. 그러자 석이도 강아지 앞에 쪼그려 앉아 조심스럽게 손을 뻗으려다 이내 거두었다. 겁이 나는 듯했다. 비록 강아지를 만지지는 못했지만, 석이는 기분 좋은 표정이었다.

시설의 아이들은 관심을 표현하는 법을 잘 모른다. 사랑의 표현을 받아본 경험이 적다 보니 자신의 애정을 드러내는 것에도 익숙지 않은 것이다.

강아지에 대한 호기심이 조금은 풀렸는지, 석이는 운동기구로 달려갔다. 운동신경이 어찌나 좋은지 어른은 두 발로 타는 기구를 한 발씩 번갈아 타며 스릴을 즐겼는데 아마 백 번도 넘게 탄 것 같다.

밥을 먹자고 하니 석이가 물었다.

"밥 먹고 이거 또 타도 돼요?"

마음이 아팠다. 석이가 열심히 타던 그 기구는 아이들이 좋아하는 놀잇감이 아니었다. 많은 것을 누리고 즐겨야 하는 나이에 고작 어른들이 몸 푸는 기구를 신기해하고 재밌어하는 석이. 이 아이가 누려야 할 마땅한 권리를 놓치며 살아가는 것이 안타깝게 느껴졌다.

한강 둔치에서 나올 즈음, 석이의 표정이 몇 시간 전과는 완전히 달랐다. 비둘기 앞에서 잔뜩 움츠리고, 강아지를 보며 슬금슬금 뒷걸음질 치던 겁 많은 아이는 온데간데없었다.

여느 아이들에게는 평범한, 하지만 석이에게는 특별한 하루를 보내고 나는 석이를 보육원에 데려다주었다.

기회가 필요한 아이들

아이들에게 필요한 건 '기회'다. 한강 둔치에서 뛰어놀 기회, 강아지를 만져볼 기회, 부모가 있는 아이의 흔하디흔한 일상을 경험할 기회 말이다. 일상적인 경험은 특별한 게 아니다. 말 그대로 일상에서 아이가 겪는 경험들이다.

가령 차를 타고 가면서 바깥세상을 구경하는 것도 아이에게는 경험이 된다. 나들이를 위해 아이를 차에 태우면, 아이는 정말 목이 빠진다. 바깥세상이 신기해 창문에 붙어서 떨어질 줄 모른다. 각종 전광판, 광고판을 보면서 큰 TV가 많다고 말하는 아이, 몇 개나 있는지 같이 세어 보자는 아이도 있다.

아이들은 오감과 상상력을 자극하는 문화생활을 통해서도 자라난다.

한번은 다섯 살 아이를 데리고 공연을 보러 갔는데, 공연장에 처음 가본 아이가 잔뜩 긴장해서 내 손을 꼭 잡았다. 나는 아이를 무릎에 앉히고 손을 어루만져 주었다. 얼마 지나지 않아 아이는 공연에 푹 빠져 깔깔거리며 웃었다.

아이들은 식당에 가도 신기한 것투성이다. 의자에 가만히 앉아 있지 못하고 의자 밑으로 들어갔다가 위로 올라갔다가, 의자를 끌고 밀고 기울이곤 한다. 처음에는 아이가 산만하다고 생각했다. 식탁 예절을 어떻게 알려줄지 고민도 했다.

하지만 아이를 관찰하다 보니 곧 알게 되었다. 시설에서 자라는 유아기 아이는 책상과 침대 없이 바닥에서 좌식 생활을 하는 경우가 많다. 그렇기에 식당 의자 또한 그들에게는 놀잇감처럼 느껴질 수 있다.

한번은 여섯 살 남자아이를 고깃집에 데려간 적이 있다. 아이는 숯불을 가리키며 뭐냐고 물었다. 나는 "여기에 불을 피워서 고기를 굽는 거야"라고 말해주었다. 아이는 종업원이 고기를 굽고 가위로 잘라주는 걸 보며 신기해했다. 일반 가정에서는 가위로 음식을 자르는 걸 자주 보지만, 보육원에서는 음식이 이미 다 잘려 나오니 생소한 광경이었나 보다.

내가 생각하는 '좋은 보육원'의 정의는 이렇다. 봉사자에게 열려 있고, 아이에게 가정 연계의 기회를 제공하고, 어떻게든 입양을 보내려 하는 보육원. 이런 보육원이 아이를 진심으로 생각하는 곳이기 때문이다. 하지만 그 수는 많지 않다.

나들이 경험은 어릴수록 더 효과가 크기에 어린아이도 안전하게 나들이나 가정 체험을 할 수 있는 시스템이 마련되길 바란다.

가장 좋은 건, 한 아이가 한 가정과 연결돼서 지속적인 가정 체험을 제공받는 것이다.

구체적인 예를 들어보자.

시설에 있는 어린아이가 한 가정과 연결되어 한 달에 한 번이라도 지속적인 관계를 이어간다면, 아이는 퇴소할 때까지 그 가정을 최소 백 번 넘게 만나게 된다. 시간이 흘러 이 아이가 보호 종료되는 만 십구 세가 되었다고 상상해 보자.

자립 준비 청년은 자라온 시설을 떠나 의지할 곳 없이 홀로 세상에 나가야 한다. 하지만 이때 어릴 때부터 만나온 연계 가정이 삶을 나누거나, 명절이면 찾아갈 유일한 친척이 될 수 있다. 주위에 나를 지지해 줄 한 가정, 또는 한 사람이 있다는 건 그들에게 큰 안정감이자 살아갈 힘이 될 것이다.

그리스도 안에서 일만 스승이 있으되

아버지는 많지 아니하니

그리스도 예수 안에서

내가 복음으로써 너희를 낳았음이라

고전 4:15

네 번째 흔적

우리 아빠

엄마가 하늘나라에 가고 육십팔 세에 혼자가 되신 아빠는 이십 년 가까이 엄마와 마지막을 함께했던 집에서 홀로 살고 계시다. 매일 아침 기도를 마치고 마당 꽃밭 사이에 세워놓은 엄마의 작은 비석 앞에서 엄마에게 인사를 건네며 하루를 시작하신다. 우리 나이로 팔십칠 세, 건강하게 사시는 아빠가 감사하다.

아빠와 나는 회복해야 할 부분이 많았다. 어린 시절부터 내 마음은 엄마로 가득했기에, 상대적으로 아빠에게 내어드릴 공간이 부족했다. 아빠도 외로우셨을 것이다. 나, 엄마, 오빠에게는 서로가 있었지만, 아빠는 혼자였으니까.

아빠는 나름의 방법으로 사랑을 표현하셨지만, 엄마의 사랑과 온도 차이가 크게 났다는 건 부정할 수 없다. 부모님은 우리 남매가 초등학교 고학년 때 십 년 가까운 별거를 끝내고 다시 합치셨다. 셋이 살다가 갑자기 남자 어른과 함께 지내게 되니 왠지 낯설고 어색했다. 나는 지금도 아빠에게 다정하지 않은 딸이다. 전화도 자주 안 드리고, 경제적으로 아빠를 보살펴 드리는 것 외에는 해야 할 도리를 제대로 못 하는, 부족하기 그지없는 딸이다.

하지만 요즘은 달라지려고 노력한다. 철이 들어서가 아니다. 전적으로 하나님의 은혜다.

하나님은 나와 가장 가깝고 그 누구보다 소중한 엄마를 일찍 데려가셨다. 그리고 내 곁에 아빠를 홀로 남기셨다. 왜 그러셨을까? 시간이 흐를수록 그 이유가 명확해진다. 엄마를 사랑한 만큼 아빠를 사랑하는 게 하나님 앞에서 내가 해야 할 일이기 때문이다. 하나님은 그렇지 못했던 내게 돌이킬 시간과 기회를 주셨다.

나이를 먹을수록 아빠를 보면, 참 좋은 분이라는 생각이 든다. 만약 아빠가 돌아가셨다면 아빠에 대해 잘 모른 채 어색한 사이로만 남았을 거다.

전화를 걸면, 아빠는 늘 단답식 질문만 하신다.

"잘 있어?", "차 서방은?", "애들은?", "밥은?", "녹화해?"

얼마 전 어버이날에 아빠를 만나 처음으로 팔짱을 꼈다. 아빠가 움찔하면서 말씀하셨다.

"아빠는 이런 게 그렇게 어색해….'

"아빠, 뭐가 어색해. 딸인데."

"글쎄 말이야."

"엄마와도 팔짱 끼지 않았잖아요. 아빠, 그냥 가만있으면 돼."

아빠는 어릴 때부터 이런 경험이 없었던 거다. 나는 그날 내내 팔짱을 끼고 다녔다. 마음이 포근하고 따뜻해지는 하루였다.

'아, 하나님은 아빠와 내가 이런 시간을 누리길 원하시는구나. 그래서 지금까지 아빠를 건강하게 지켜주신 거구나. 감사합니다, 하나님. 부모를 공경하라는 말씀을 잘 따를 수 있도록 노력하겠습니다.'

하나님은 나와 아빠의 관계 개선을 통해 내가 변화되고 성장하는 모습을 보기 원하셨다. "네 부모를 공경하라"라는 단순하고 명확한 명령. 부모를 사랑하고 공경하지 않으면 하나님을 사랑하고 공경할 수 없다는 사실을, 하나님은 아빠를 통해 나에게 가르쳐주고 계신다.

네 아버지와 어머니를 공경하라
이것은 약속이 있는 첫 계명이니

엡 6:2

난 그 양반이 참 좋아

아빠는 건강 체질이시다. 건강검진을 하면 정상 수치에서 벗어나는 게 한 가지도 없다. 맵고 짠 음식 그리고 과자 같은 걸 좋아해서 잠들기 직전까지 군것질하는 아빠, 잠이 안 온다며 늦게 자고 늦게 일어나는 아빠, 그런데도 나보다 더 건강해 보이는 아빠의 체력이 신기하고 감사할 따름이다. 병원에서도 구십오 세까지는 건강하실 거라고 했단다. 아빠는 여전히 운전도 하고 다니신다.

얼마 전에는 무릎이 아프다고 해서 남편이 운동법을 알려드렸더니 매일 백 번 넘게 하신다고 했다.

"아빠, 정말 대단하다. 근데 혹시 태어나서 무릎이 처음으로 아프신 거예요?"

"응, 처음이야."

매일 헬스장에서 한 시간 반씩 운동을 하시는 아빠에게 물었다.

"아빠, 왜 그렇게 매일 운동하세요? 안 힘드세요?"

"이래야 내가 민폐가 안 되지."

한동안은 모세만큼 백이십 살까지 살겠다고 하셔서 내가 우스갯소리를 했다.

"아빠가 나보다 오래 사시겠어요."

그런데 대화하다 보니, 아빠는 죽음에 대해서도 깊이 생각하고 계셨다.

"하나님이 부르시면 아무 때나 갈 건데, 대신 너희가 힘들지 않게 가고 싶다. 살 때까지는 너희에게 폐 안 끼치고 건강하게 살려고 열심히 하는 거야."

불과 이 년 전까지만 해도, 아빠는 매일 약주를 하셨다. 그러다 사순절 기간이 되면 술은 딱 끊고, 매일 새벽예배에 가셨다. 그런데 이 년 전 사순절 이후부터는 술을 완전히 끊으셨다. 전혀 마시고 싶지 않고 도리어 싫다고 하셨다.

"하나님이 아빠 더 건강하게 오래 사시라고 그렇게 해주셨나 봐요."

내 말에 아빠는 미소 지으셨다.

"그 양반은 날 사랑하셔. 나는 진짜 그 양반이 좋아."

그리고 덧붙여 말씀하셨다.

"내가 그 양반께 하루도 빼놓지 않고 너희를 위해 기도하잖아."

그렇다. 아빠의 기도 덕에 지금의 내가 있다.

자식을 향한 부모의 축복기도는 땅에 떨어지지 않는다. 오래 전부터 믿음이 있었던 외조부모님, 그리고 뒤늦게 회심한 친할머니. 할머니는 까막눈으로 성경을 읽지 못하셨지만 늘 "아이고, 하나님, 하나님"을 입에 달고 사셨다. 그렇게 대를 이어 자녀를 위해 쌓은 기도의 열매를 우리가 누리고 있다.

나도 가족과 자녀, 다음세대 그리고 기도해 줄 사람 없는 시설의 아이들을 위해 기도의 씨앗을 뿌려야 한다. 그게 내 과업이다.

너는 내게 부르짖으라

내가 네게 응답하겠고

네가 알지 못하는 크고 은밀한 일을 네게 보이리라

렘 33:3

사랑을 펼치라

아빠와 만날 때는 주로 아빠가 좋아하시는 초밥이나 회를 먹는다. 하지만 얼마 전에는 집에서 밥을 해드렸다. 식사 후 인스턴트커피를 드시는 아빠에게 평소 궁금했던 질문을 했다.

"아빠, 어떻게 그 시기에 '애라'라는 이름을 생각해 냈어요?"

내 이름이 예명이냐고 묻는 사람이 많다. 그만큼 독특하고 예쁜 이름을 만들어 준 아빠에게 감사드린다.

"응, 국문과 나온 네 엄마가 여러 이름을 만들어 왔는데, 갑자기 '애라'가 생각났고, 네 엄마도 너무 좋다고 했어."

아빠는 잠시 생각에 잠긴 후, 말을 이으셨다.

"아빠가 학교 다닐 때 친구네 집에 갔는데, 친구 어머니가 선교사 같은 일을 하던 분이었거든, 근데 그 분 이름이 '애라'였어. 고애라. 그 분이 하는 일이 참 선하게 보였고, 이름도 인상에 강하게 남았어. 그런데 갑자기 그 이름이 떠오르더라고. 그래서 네 이름을 '애라'로 지었지."

사랑 '애'(愛), 펼칠 '라'(羅). 아빠는 딸을 보며 '사랑을 펼치라'는 소망을 가졌던 것 같다.

커피를 마시던 아빠가 무심히 한마디를 더 하셨다.

"근데 사람에게는 이름이 굉장히 중요한 것 같아. 요즘 너를 보면 그 분을 닮아가는 것 같아."

'사랑을 펼치라'라는 귀한 의미를 담아 예쁜 이름을 지어준 아빠는 동시에 내 영어 이름을 잘못 써넣어서 다시 한번 사람들의 이목을 끌게끔 해주셨다.

대학 시절, 내가 해외여행을 처음 가게 되었을 때 일이다. 당시 우리 집에서 유일하게 해외여행 경험이 있던 아빠가 나를 위해 여권 발급을 도와주셨다. 그런데 실수로 내 영문 성을 'Shin'이 아닌 'Sin'으로 써넣은 것이다. 영어로 'sin'은 '죄'라는 뜻이다. 그렇게 여권 속 내 이름은 '죄 애라'가 되었고, 지난 수십 년간 여권이 필요한 모든 영문 서류에 '죄 애라'로 기재되었다. 입학 원서에도, 캘리포니아 운전면허증에도, 항공권에도, 호텔 예약 명단에도.

여권은 수시로 '나는 죄인'이라는 사실을 상기시켜 준다.

자기의 죄를 숨기는 자는 형통하지 못하나
죄를 자복하고 버리는 자는 불쌍히 여김을 받으리라

잠 28:13

작고 얌전한 아이

부모님이 별거를 끝내고 다시 합치신 후, 우리는 동네를 옮겨 이전보다 넓은 집으로 이사했다. 그런데 그곳은 강남의 부촌이라 학교에 잘사는 집 아이가 많았다. 특히 중학교 때는 옷도 가방도 고가의 브랜드를 착용한 친구가 많았다. 그 시절 제일 좋았던 브랜드는 '나이키', 다음이 '프로스펙스', 그리고 꼴찌가 '월드컵'이었다.

중학교에 입학한 나에게도 처음으로 브랜드 운동화가 생겼다. 바로 월드컵이었다. 당시 친구들 사이에서는 누가 무슨 브랜드를 장착했는지가 화제였지만, 나는 그런 데 별로 연연하지 않았다.

아직도 생생하다. 분홍 바탕에 흰색 알파벳 'W'가 그려진 운동화! 남이야 어떻게 평가하든, 나는 나의 첫 월드컵 운동화가 예쁘고 만족스러웠다.

중학교에 들어가면서 교복을 사러 갔는데, 졸업 때까지 입기 위해 엄마는 큰 치수의 교복을 사주셨다.

키가 작아 출석번호 일 번에, 머리는 귀밑으로 바짝 자른 짧은 단발의 빼빼 마른 아이. 소매 기장은 줄였지만, 어깨 넓은 교복을 입혀놓으니 아빠 옷을 걸친 것 같았다. 그렇게 일 년간 맞지 않는 교복을 엉성하게 입고 다녔는데, 이 학년 올라갈 즈음 교복과 두발 자율화가 되어서, 그 큰 교복은 버려지고 말았다.

엄마는 다른 엄마들과는 달리 공부하라는 말을 하지 않았다. 그래서 난 정말로 공부를 안 했다. 스스로 공부해서 좋은 대학까지 갔던 엄마는 우리 남매도 자신 같을 줄 아셨던 것 같다.

공부를 안 했으니 성적이 좋을 리가 없었고, 키는 작고, 나서지도 않고, 친구들 뒤만 조용히 따라다니던 나는 그저 작고 얌전한 아이였다. 이사한 집은 방이 세 개라 드디어 오빠와 나는 방을 따로 쓰게 되었다. 집도 넓어졌다. 분명 모든 게 나아졌다. 하지만 우리 집엔 먹구름이 드리우기 시작했다. 사람 좋은 아빠가 또 사기를 당해 사업이 어려워졌고 가세가 기울었다. 부모님의 싸우는 소리가 자주 들려왔다. 그때 처음으로 느꼈다.

'아, 나는 불행하구나.'

한창 사춘기를 보내던 중학교 시절, 나의 일기는 이런 내용이 가득했다.

어른이 되면 돈을 많이 벌어야지.

결혼하면 어떤 일이 있어도 아이들 앞에서는 싸우지 않을 거야.

우리 집이 경제적으로 회복된 건, 그러니까 빚을 모두 갚고 쪼들리지 않게 된 건, 그로부터 십여 년 후, 내가 탤런트가 되어 집안의 경제를 책임지기 시작하면서였다.

가야 할 길

사람의 목숨은 하나고, 삶을 두 번 살 수는 없기에 누구든 인생은 처음 가보는 길이다. 그 위에는 수많은 선택의 갈림길이 있다.

어떤 선택을 하느냐에 따라 어떤 '길'을 가게 될지 결정된다.

오르막길과 내리막길, 좁은 길과 넓은 길, 아는 길과 모르는 길 등 세상에는 수많은 두 가지 길이 있다. 나는 여기에 한 가지를 더 추가하고 싶다. '가고 싶은 길'과 '가야 하는 길.'

그 길은 언뜻 보면 잘 보이지 않는다. 안개에 파묻혀 있을 수도 있고, 아직 길이라고 하기에는 덤불에 가려져 있을 수도 있다. 길이 잘 보이지 않을 때, 나를 돌아보며 곰곰이 생각하면 '가고 싶은 길'이 보이고, 하나님께 묻고 기도하면 '가야 할 길'이 보인다고 나는 믿는다. 이렇게 믿게 된 데는 계기가 있다.

나는 중학생이 되기 전에는 교회에 제대로 다니질 않았다. 하나님에 대해서도 잘 몰랐다.

'친구 따라, 강남 간다'라는 말처럼, 중학교 이 학년 때 처음으로 친구를 따라서 간 교회가 소망교회였다(나만 소망교회에 다녔고, 부모님과 오빠는 집 근처 교회에 다녔다. 아빠는 성가대를 지휘하셨다. 두 분이 합쳐 살기 시작하면서 아빠가 집 근처 교회에 가셨는데, 당시는 그저 문화생활처럼 다니셨던 것 같다).

스스로 선택해 나가기 시작한 교회는 분위기가 참 좋았다. 찬양 소리도 듣기 좋고, 선생님도 친절했다. 여자 중학교에서는 마주칠 일이 없던 남학생과 편하게 지내는 것도 좋았다.

그렇게 매주 주일예배를 드리면서 나는 하나님의 존재를 처음 느꼈다. 기도와 찬양, 예배와 교제에 대해서도 자연스럽게 배웠다. 일 년 뒤에는 교회 중등부 부회장이 되어 임원 수련회에도 참석했다(당시 회장은 남학생, 부회장은 여학생이 선출되었다).

나는 어디서든 잘 나서지 못하는 소극적인 아이였다. 그런 내가 부회장이 되니 어쩔 수 없이 앞에 나서야 할 일이 많았다. 예배 시간에 친구들 앞에서 찬양과 율동, 기도 인도를 해야 했고, '문학의 밤' 준비도 했다. 고등학생이 되어서는 친구들 몇 명과 중창단을 만들어 문학의 밤 시즌에 여러 교회를 다니며 '특순'을 선보이기도 했다.

이 모든 건 하나님이 너무 좋아서 생긴 열정이었다. 그동안 하나님은 어디에 꼭꼭 숨어 계셨는지, 나는 왜 여태 그분을 몰랐는지. 이제라도 알게 되었으니 더 열심히 찬양하고 예배하리라 마음먹고, 중고등부 시절에 교회 활동을 열심히 했다.

하지만 이때는 하나님을 내 소원을 들어주는 요술 램프의 지니, 때 되면 선물을 주는 산타클로스, 위기 상황에 '짠' 하고 나타나 도와주는 슈퍼맨, 수호천사 정도로 생각했다.

어쨌든 나는 이 시기에 교회 활동을 적극적으로 하면서 감춰졌던 성향을 알게 되었다. 내가 사람들 앞에 나서는 걸 두려워하는 줄만 알았는데, 어느 순간 큰 무리 앞에 나서는 것도 편한 나를 발견했다. 아니, 오히려 그 순간을 즐겼다. 대중 앞에 서는 연기자가 될 끼와 재능을 교회 활동을 통해 처음 발견했다.

고등학교 시절, 하루는 학교 복도에서 초등학교 동창을 만났다. 그 친구가 내게 물었다.

"너 어느 서클이야?"

"나? 연극반."

"와~ 초등학교 때 다른 애들은 장래 희망으로 대통령이나 의사를 말하는데, 너만 혼자 탤런트 되겠다고 해서 다들 웃었는데."

"정말? 내가 그랬어?"

"그래~ 네가 탤런트 되고 싶다고 기어들어 가는 목소리로 말했었어. 너 진짜 탤런트 되겠다!"

친구는 대수롭지 않게 말했지만, 그것은 정확한 예언이었다.

연극영화과에 가다

엄마는 처녀 때는 피디로, 결혼 후에는 학교 선생님, 대학교 시간강사 외에도 라디오 방송 작가 겸 다큐멘터리 작가로 활동했다. 그것이 엄마에게는 일거리였고, 우리에게는 먹을거리였다. 우리 집에 일거리와 먹을거리를 가져다주는 방송국이 내겐 낯설지 않고 친근했다. 그러면서 막연한 로망도 키워갔다. 나는 이렇게 생각했다.

'방송국에서 일하고 싶다. 아나운서는 좋지만, 붙을 자신이 없고 연기가 하고 싶으니 그래, 탤런트가 돼야겠다!'

당시는 연극영화과가 많지 않았고, 중앙대학교 입학은 하늘의 별 따기처럼 어려울 때였다. 고등학교 삼 학년이 된 나는 바로 전해에 중앙대학교 영화학과에 입학한 오빠를 따라 같은 학교 연극학과에 들어가고 싶었다. 그런데 대학입학 학력고사에서 그나마 자신이 있었던 수학을 완전히 망치고, 암기 과목도 예상보다 훨씬 못 본 터라 합격할 희망이 거의 보이질 않았다. 나는 눈물을 뚝뚝 흘리며 기도했다.

'하나님, 진짜 너무 창피해요. 교회 친구들은 다 합격해서 대학생이 될 텐데, 저만 떨어지면 친구들을 어떻게 봐요. 게다가 우리 집은 돈도 없고, 저도 공부가 싫으니, 재수는 할 수 없어요. 한 번만 도와주세요. 저, 대학에 꼭 들어가고 싶어요. 진짜 착하게 살게요. 살려주세요.'

지금 생각하면 정말 유치하고 철딱서니 없는 기도지만, 마음만은 얼마나 간절했는지 모른다. 하지만 하나님은 묵묵부답이셨다.

마지막 남은 건 실기였다. 나는 자유연기로 뮤지컬 〈아가씨와 건달들〉의 한 장면을 선택하고 여기에 모든 걸 걸었다. 고속버스 터미널 상가에서 핫핑크 색 의상을 사고, 검정 레이스 리본을 머리띠로 두르고 뮤지컬 배우 언니를 소개받아서 열심히 배웠다. 집에서도 계속 거울 앞에서 노래하며 춤을 췄다.

실기시험 당일, 대기실에는 TV에서 봤던 청춘 배우부터 아이스크림 광고에 나온 모델까지 유명 인사들이 가득했다. 이들이 경쟁

자라니, 분위기에 위축된 나는 조용히 구석 자리에 앉아 생각했다.

'보나 마나 떨어지겠다. 어떡하지? 할 수 없지, 떨어지더라도 후회 없이 최선을 다해보자!'

대기 시간 내내 기도인지 주문인지 모르게 '하나님'을 수백 번 불렀다.

기도 응답이었을까, 아니면 너무 조르니 불쌍해서 '옜다' 하신 걸까? 뭐든 상관없다. 어쨌든 나는 합격 통보를 받았다. 쟁쟁한 미모의 배우와 유명인도 떨어지는 어려운 시험에서 수많은 경쟁자를 제치고 내가 합격하다니! 어안이 벙벙했다. 믿어지지 않았다. 후에 듣기로는 학력고사 점수는 좋지 않았지만, 실기에서 일 등을 차지해 합격했다고 한다.

믿기지 않는 합격 소식에 나는 감사기도를 드렸다.

'와~ 이건 정말 하나님이 해주신 거지요. 나를 사랑해 주셔서 감사합니다. 역시 하나님! 나의 산타클로스, 나의 수호천사!'

하지만 이제는 안다. 그것 또한 하나님의 목적하심으로 가기 위한 섭리의 디딤돌 중 하나였다는 것을.

네 주제에 무슨 봉사를 해

왜 그랬는지, 무엇이 나를 그렇게 이끌었는지는 모르겠지만, 내가 대학에 입학해서 제일 먼저 한 일은 봉사활동이었다. '하나님이 대학도 붙여주셨으니 착하게 살겠다고 했던 말 지켜야지'라는 단순하고 기복적인 신앙의 표현이었을 수도 있다.

대학 새내기 시절, 단짝 친구와 경기도에 있는 장애인 복지시설에 방문했다. 때는 3월 초, 아직 추울 때라 방문들이 꼭 닫혀있었다. 나는 떨림 반, 설렘 반으로 방문을 열고 들어갔다. 순간 아찔했다. 냄새에 왜 '찌른다'라는 표현을 쓰는지 그때 깨달았다. 환기를 시키지 않은 채 보일러를 틀어 후끈한 방안에서는 역한 냄새가 풍겼다. 음식 냄새와 배변 냄새, 침 냄새 등이 한데 어우러져 나의 코를 지나 폐까지 찌르는 듯했다.

평소에도 비위가 약했던 나는 순간적으로 '욱~' 하고 구역질이 났다. 잠시 숨을 가다듬고 방안을 둘러본 나는 기겁했다. 시설에 왜 아이들만 있을 거라 생각했을까. 방안에는 나보다 덩치가 큰 남자 어른도 바닥에 누워있거나, 침을 흘리며 앉아있었다. 그리고 그들은 모두 기저귀를 차고 있었다.

영화나 드라마에서 본 것처럼, 순백의 옷을 입은 간호사가 되어 아프지만 예쁜 아이들을 보살피는 상상을 했는데, 내 예상과는 전혀 다른 광경이 펼쳐지자 당혹함을 감출 수 없었다. '이걸 어쩌지!' 싶고, 애당초 봉사를 온 게 후회스러웠다. 하지만 이미 왔으니 어쩌랴. 그들이 요구하는 대로 필요한 일을 했다. 주로 밥이나 간식을 떠먹여 주는 일이었다. 방 안에 있는 열 명 남짓한 사람을 먹이는 일이 이렇게 힘들 줄이야!

그다음 주에는 빨아놓은 옷과 기저귀를 한데 모아 옥상 빨랫줄에 너는 일을 했다.

'밖으로 나가면 냄새는 안 나겠지.'

내심 안도하며 빨래를 들고 옥상에 올라가 널기 시작했다. 기저귀를 탁탁 털어서 널려고 하는데 무언가 '투두둑' 떨어졌다. 기저귀에 남아있던 미처 씻겨 내려가지 않은 변 덩어리였다. 속에서 또 '욱~' 하고 올라왔다.

하지만 밥을 먹이고 기저귀를 너는 것보다 나를 더 괴롭히는 게 있었다. 내 머릿속을 맴돌며 떠나지 않는 생각.

'네 주제에 무슨 봉사를 해. 냄새 하나 못 참으면서!'

봉사하는 내내 역한 냄새 하나 못 참아 구역질을 한 나 자신에게 크게 실망했다.

'나는 이것밖에 안 되는 사람이구나. 교회에서 이웃을 내 몸과 같이 사랑하라고 수도 없이 듣고 배웠지만, 사랑은커녕 그들의 아픔 앞에서 숨도 제대로 못 쉬네.'

내 머리 한쪽에서 비난하는 소리가 끊이지 않았다.

그렇게 괴로웠던 봉사는 이후 몇 번을 더 가고 멈추었다. 이것이 나의 첫 번째 봉사에 대한 기록이다. 하나님의 인도하심과 만지심, 섭리가 없었다면 풀이 죽어 장애인 복지원을 떠나던 대학 신입생 애라의 뒷모습이 마지막 봉사 스케치가 되었을지도 모르겠다.

우리가 선을 행하되 낙심하지 말지니
포기하지 아니하면 때가 이르매 거두리라

갈 6:9

탤런트가 되다

중앙대학교 연극영화과는 안성 캠퍼스에 있었다. 당시 나의 한 달 용돈은 십만 원이었다. 반포 뉴코아백화점 앞에서 통학버스를 탔는데, 버스비 삼만 원을 제하면 칠만 원으로 한 달을 살아야 했다. 학교는 학비만 드는 게 아니었다. 워낙 실습이 많은 과라, 특별활동비를 내는 경우도 종종 있었다.

간혹 특별활동비 고지서에 숫자를 더 붙여 부모님께 드리는 친구도 있었지만, 언감생심 나는 결코 생각할 수 없는 일이었다. 넉넉지 않은 형편에 대학교를 다니는 것 자체가 부모님께 또 다른 부담이 된다는 것을 알았기 때문이다.

대학생이 된 친구들은 스키장이나 나이트클럽에도 잘 다녔다. 하지만 나는 그런 곳에 갈 여유도 없고, 다행히 흥미도 없었다.

대신 독일문화원, 프랑스문화원을 다니며 유럽 영화에 푹 빠져들었다. 학교 수업을 마치면 뉴코아 백화점 앞에 내려 문화원에서 무료 상영을 해주는 영화를 보러 가곤 했다.

친구가 없을 때는 혼자 가기도 했고, 저녁 식사 대신 초코파이 하나를 사서 맛있게 먹기도 했다. 용돈을 쪼개서 써야 했기에 혼자 식당에서 저녁을 사 먹는 사치는 부리고 싶지 않았다. 요즘 같으면 편의점에서 사발면이나 김밥을 먹었겠지만, 당시는 아직 '편의점'이라는 단어조차 없던 시절이었다.

학교에서도 마찬가지였다. 점심시간이 되면 '뭘 먹을까'가 아니라 '뭐가 제일 싸지'를 먼저 생각했다. 메뉴판을 훑어보고 제일 저렴한 것을 시켰다. 공강 시간에 친구들과 가는 카페에서도 마찬가지였다. 보통 사이다가 제일 저렴했는데, 간혹 커피가 더 싸면 마시지도 않는 커피를 시켰다. 몇백 원이 아쉬운 학창 시절이었다.

물론 내가 겪은 건 절대적인 가난은 아니다. 하지만 친구들이 원하는 걸 마실 때 싼 걸 마셔야 했던 상황을 뭐라고 부르는 게 적절할까. '가난'보다는 '옹색'했다는 표현이 맞을 듯 싶다. 이 옹색함은 내가 기억하는 가장 어린 시절부터 대학생이 될 때까지 나를 끈질기게 따라다녔다.

그러던 어느 날, 돌파구가 열리기 시작했다. 대학교 삼 학년 무렵, 과 조교가 나를 방송국에 추천한 덕분이었다.

당시 1980년대 후반은 학교로 '신인 연기자를 뽑게 학생을 추천해 달라'라는 방송국의 연락이 종종 오던 시절이었다. 그전에도 입학하자마자 조교의 추천을 받아 MBC에 가서 드라마 피디를 만나고 온 적이 있었다. 〈우리들의 천국〉이라는 청춘 드라마의 여주인공을 뽑는 자리였다. 오디션까지 본 건 아니고, 그냥 얼굴 보고 말 몇 마디 나누고 돌아왔다.

그 후 매일 간절히 합격 전화를 기다렸지만 결국 내게는 아무 연락이 오질 않았다. 나중에 방송을 보니 다른 신인 여배우가 주인공으로 등장했다. 훗날 연예계에서 만나 친구가 된 진실이, 고 최진실 씨였다.

나는 또 한 번 조교의 추천을 받아 드라마 PD를 만났고, 그리고 마침내 신인 연기자로 발탁이 됐다. MBC에서 제작한 〈천사의 선택〉이라는 미니시리즈의 여자 주인공 두 명 중 한 명이었다. 맙소사! 첫 작품인데 주연까지 맡게 된 거다. 게다가 이십 대부터, 알코올 중독이 된 사십 대까지 폭넓은 연기를 보여줘야 하는 역할이었다. 당시 연극 배우였던 문성근 선배도 첫 드라마 연기로 이 작품에 함께 출연했다.

부담이 이만저만이 아니었다. 내가 나오는 장면의 대사를 따로 종이에 적어 통학버스와 방송국을 오가는 시내버스 안에서 너덜너덜해질 정도로 읽고 또 읽었다.

드디어 대망의 첫 촬영 날. 스태프들이 모여 조명을 설치하고, 붐맨은 내 머리 위로 긴 붐 대에 매달린 마이크를 늘어뜨리고, 생전 처음 보는 커다란 ENG 카메라 렌즈는 나의 얼굴을 향하고 있었다.

"자! 슛 들어갑니다!"

현장 진행자의 한마디에 순식간에 정적이 흘렀고, 곧이어 감독님의 "레디, 액션" 소리를 신호로, 나는 첫 방송 연기를 시작했다. 나름 대사를 완벽하게 숙지했기에, 그간 학교에서 연극 할 때 배운 모든 지식을 동원해 준비한 연기를 펼쳤다.

"컷!" 소리가 났다.

나는 감독님을 바라보았다. 그런데 감독님의 표정이 이상했다. 한숨 소리와 함께 긴 침묵이 이어졌다. 그리고 카메라 감독님과 두런두런 이야기를 나눈 후, 나에게 다가왔다. 그때부터 감독님은 나에게 "이렇게 해봐라, 저렇게 해봐라" 하며 다양하게 지시했다. 그 모든 지시를 종합하면 결국 이 말이었다.

"연기하듯이 하지 말고, 좀 더 자연스럽게 해봐."

이상했다. 왜냐하면 나는 그 어느 때보다 자연스럽게 잘하고 있었기 때문이다. 그 후에도 여러 차례의 지도 편달이 있고 난 뒤 감독님이 말했다.

"그냥 네 마음대로 해라."

그때부터 난 더 맘 편히 연기했다. 그 드라마에서 내가 맡은 역할은 '부잣집 도시 여자'였다. 그래서 화장도 '풀메이크업'에, 앞머리도 한창 유행하던 스타일로 엄청나게 부풀렸다. 의상도 방송국에서 연결해 준 부티크에서 맞춘, 몸에 딱 달라붙는 원피스나 투피스를 입었다. 실제 내 삶과는 180도 다른 모습이었다. 거울에 비친 내 모습이 무척 낯설게 느껴졌다.

며칠간의 초반 촬영을 마치고 감독님이 나를 편집실로 불렀다. 내가 나오는 몇 장면을 미리 볼 수 있었다.

'아뿔싸!'

조그만 네모 화면 속에 등장한 나를 보는 순간, 얼굴이 홍당무처럼 빨개지고 난로처럼 뜨거워졌다. 어색한 연기도 이상했지만, 화면 속에 보이는 나의 모든 게 억지스럽고 불편했다.

집에 오는 버스 안에서 눈물이 났다. 나는 기도하기 시작했다.

'하나님, 어떻게 해요? 너무 창피해요. 어떻게 해야 이 드라마가 방송되지 않을 수 있을까요?'

지금 생각해도 웃픈 상황이다. 미니시리즈의 주인공으로 발탁된 신인 여배우가 자기가 찍은 드라마가 방송되지 않기를 기도하다니! 언뜻 들으면 복에 겨운 소리라고 할 수 있지만, 내게는 드라마 속 내 모습이 방송 출연을 포기하고 싶을 정도로 불편하고 싫었다. 자존감이 또다시 바닥을 쳤다.

얼토당토않은 기도에 하나님은 당연히 묵묵부답.

예정대로 드라마는 방영되었고, 그 와중에 촬영을 이어가야 했던 나는 카메라 앞에서 더욱 주눅 들었다.

첫 미니시리즈를 눈물로 마친 후, 나의 향후 진로를 심각하게 고민했다.

'이제 드라마는 못 하겠다. 이대로는 할 수도 없고, 하고 싶지도 않아. 어쩌면 좋지? 뭘 할까? 앞으로 어떻게 살까?'

그런데 의외의 반응이 터져 나왔다. 드라마 여주인공의 얼굴이 기존 여배우들과 달라서 신선하다는 반응이었다.

"쟤, 필리핀 애야?", "혼혈인가?", "쟤 되게 독특하다!" 등등 생각지도 못한 주목이 쏟아졌다. 낯선 얼굴에 대한 호기심으로 발연기를 눈감아 준 시청자들이 고마웠다. 요즘 시대엔 상상할 수도 없는 일이리라.

사랑을 만나다

대학교를 졸업할 즈음, KBS 홈 드라마에 캐스팅되었다. 이 드라마를 통해 내로라하는 선배님들과 일상적인 연기 호흡을 주고받으며 방송 연기에 대해 많은 걸 배웠다.

행운은 순서대로 오지 않고, 어느 순간 소나기처럼 쏟아졌다.

빗줄기의 시작은 에스콰이어의 '비아트'라는 의류 브랜드의 광고 출연이었다. 내 첫 광고였는데, 모델료가 이천만 원이었는지 삼천만 원이었는지 잘 생각나지 않는다. 지금의 전속 광고료에 비하면 적은 금액이지만, 당시에는 평생 처음 벌어보는 큰 액수에 그저 신기하고 감사하기만 했다. 장미 한 송이를 들고 예쁜 척하며 화면을 보는 그 광고는 큰 반향을 일으켰고, 그다지 유명하지 않던 나를 사람들이 궁금해하기 시작했다.

이후 당대 최고의 작가인 김수현 선생님의 드라마 〈사랑이 뭐길래〉에 출연할 기회가 주어졌다. 그 드라마가 전국 '70퍼센트'라는 경이로운 시청률을 올리며 공전의 히트를 기록한 덕에, 나 역시 전국적으로 이름이 알려지는 큰 인기를 얻었다. 신인 연기자에서 스타 연기자로 발돋움한 것이다.

인기를 타고 돈이 따라왔다. 유명해지니 출연 요청이 많아졌고, 더 많은 광고에 출연했다. 모델료도 몇 배로 뛰었다. 유명해진 후 한두 해 만에 우리 집은 더 이상 옹색하지 않은 수준으로 살게 되었다. 내가 새로운 광고를 찍을 때마다, 다 갚은 대출 통장을 하나씩 버리며 행복해하던 엄마의 표정이 생각난다.

그러다 1994년을 맞이했다.

유난히 덥던 그해 여름, 나는 〈사랑을 그대 품 안에〉라는 MBC 드라마의 여주인공을 맡게 되면서 신인배우 차인표 씨를 상대역으로 만났다. 사실 그는 내가 좋아하는 스타일의 남자는 아니었다. 그런데 그가 달라 보이는 순간들이 운명처럼 찾아왔다.

출연자들이 처음 만나 회식하는 자리였다. 신발을 벗고 올라가는 고깃집에 다 같이 빙 둘러앉았는데, 검정 가죽 잠바를 입은 그가 무릎을 꿇고 내 맞은편에 앉았다. 나는 의아했다.

'저 사람은 왜 저렇게 경직되게 무릎을 꿇고 있지? 아무리 신인이라도 너무 저자세 아닌가?'

처음 접하는 어색한 그 모습이 마음에 들지 않았다.

그런데 식사를 시작하려는 순간, 그가 눈을 감더니 조용히 혼자 식사 기도를 했다. 그때만 해도 연예계에서 자기가 기독교 신자임을 일부러 드러내는 사람이 그리 많지 않았다.

'자신이 하나님을 믿는다는 걸 당당히 드러내는구나.'

살짝 그에게 호감이 생겼다. 당시 나는 너무 바빠서 이전처럼 교회를 열심히 다니지 못했다. 신앙도 여전히 어려울 때만 기도하는 수준이었다. 하지만 결혼만큼은 꼭 믿는 사람과 하고 싶다는 막연한 바람이 있었다. 일단 하나님을 믿는다는 점에서 내 점수를 딴 그는 강단이 있어 보였다.

지방으로 촬영하러 갔을 때의 일이다. 드라마는 막 첫 회 방송이 나간 상태였고, 우리는 방송보다 몇 회 앞서서 촬영하고 있었다. 방송이 나가기 전까지는 "와~ 신애라다" 하며 나를 보려는 인파가 촬영장에 몰려들곤 했다. 신인 연기자인 인표 씨를 알아보는 사람은 아무도 없었다. 그런데 첫 방송이 나간 후, 상황이 역전되었다.

촬영을 마치고 단체로 방송국 버스로 올라올 때였다. 휴게소에 들렀는데, 그곳에서 우리는 눈으로 보고도 믿지 못할 장면을 보왔다. 휴게소에 있던 거의 모든 사람, 특히 여자들이 "어머!" 하고 소리 지르며 인표 씨를 둘러싸고 열렬히 환호하는 게 아닌가!

그게 시작이었다. 그 후로는 촬영장 어디든 수많은 인파가 인표 씨를 보기 위해 찾아왔다. 특히 주 촬영지인 백화점에는 교복 입은 여학생들이 인산인해를 이뤘다.

인기는 '술'과 비슷하다고 한다. 많이 마실수록 취하고, 취하면 제정신을 차리기 어렵기 때문이다. 하루아침에 벼락스타가 되면 우쭐해질 수도 있는데 인표 씨는 그러질 않았다. 오히려 더 겸손하게 행동했다. 특히 카메라 팀이나 조명, 오디오 팀의 막내 스태프들을 살뜰히 챙겼다. 변함없이 진중하고 성실한 그의 모습이 멋져 보였다.

촬영하면서 가까워진 우리는 서로에게 호감이 깊어졌다. 촬영 기간 포함해서 일 년 정도 짧게 연애하던 중, 인표 씨는 현역병으로 군에 입대했다. 그리고 훈련소를 마치고 이등병이 되어 첫 휴가를 나온 인표 씨와 나는 1995년 3월에 결혼했다.

이러므로 남자가 부모를 떠나
그의 아내와 합하여 둘이 한 몸을 이룰지로다

창 2:24

시어머니와 보낸 하루

양재동 횃불선교회관에서 결혼식을 올린 우리 부부는 이박삼일 동안 제주도로 신혼여행을 다녀왔다. 결혼식 참여를 위해 미국에서 방문한 아주버님 내외와 함께 갔다. 인표 씨가 군인 신분이라 해외로는 갈 수가 없었다. 제주도 공항에 도착하니 모 방송국 연예프로그램의 리포터와 카메라 팀이 우리를 기다리고 있었다.

한 가지 특별한 추억은 제주도에서 보육원을 방문한 일이다. 그때는 그저 그러고 싶어서 찾아갔다. 하지만 우리 두 사람의 새 출발과 더불어 보육원에 방문한 건, 하나님의 확실한 '사인'이었다고 생각한다.

신혼여행에서 돌아와 남편은 부대로 복귀했다. 우리는 그렇게 떨어져 신혼생활을 시작했다. 그 시절, 새댁 신애라와 보낸 하루를 세세히 기록해 놓은 분이 있다. 바로 나의 시어머님이시다. 남편은 군에 있던 1996년 6월 어느 날, 며느리와 함께 보낸 하루를 어머님은 다음과 같이 기록하셨다. 그때 나는 스물여덟 살이었고, 어머님은 쉰네 살, 지금의 나와 비슷하셨다.

며칠 전부터 내 생일에 집으로 오겠다면서 전화로 여러 번 다짐하던 애라가 어제 오후 집에 왔다. 타고 온 차를 대문 안에 들여놓고는, 차 안에서 뭔가를 주섬주섬 꺼내더니, 양손에 들고 뒤뚱거리며, 마당을 한

바퀴 돈다. "어머나, 상추가 많이 자랐네요, 어머 어머, 이 쑥갓 좀 봐. 어쩜 이렇게 싱싱하게 자랐죠? 어머니?"

미니 케이크 상자를 받아 든 나는, 앞장서서 애라를 호박 심은 곳으로 데려갔다.

"이리 와봐. 호박잎 큰 거 봐라."

"와! 엄청나게 자랐네요."

"여기다 음식 찌꺼기들을 묻어주었거든. 근데 뭘 이렇게 들고 왔니?"

"아무것도 아니에요" 하면서, 애라는 가져온 것들을 부엌 바닥에 앉아 한 가지씩 꺼내놓기 시작한다.

제일 먼저, 핸드백에서 빨간 봉투의 생일 카드를 꺼낸다.

"어머님, 생신 축하드려요" 하면서.

봉투를 열어보니, 하얀 바탕의 카드 가운데에 장미꽃 그림이 예쁘다. 카드 뒷면에, 반쪽으로 접힌 종이가 뚝 떨어졌다. 펼쳐보니 십만 원권 수표였다.

"어머니, 거름 사셔요"라고 애라가 코맹맹이 소리로 애교를 부리며 말했다. 계속해서 나오는 생일선물들은 다음과 같았다. 전자 모기향, 소형 건전지 열 개짜리 두 봉지, 공 비디오테이프 열 개, 야외용 은박 돗자리, 미니 생크림 생일 케이크 등등. 내가 생일선물을 뜯어보는 동안, 애라는 어느 틈엔가 가져온 건전지를 들고서, 방마다 다니며 멈춘 시계에 건전지를 갈아 끼운다. 그러고는 전자 모기향 사용법을 나에게 가르쳐 준다.

"줄을 쭉 잡아당겨서, 220볼트 구멍에다가 끼우세요" 하더니,

"줄을 집어넣을 때는 이렇게 돌려주시면 돼요"라며 가운데 부분을 뱅글뱅글 돌린다.

미니 전자 모기향은 마치 꼬리 달린 생쥐처럼 귀엽다. 꼬리가 들어갔다 나왔다 한다. 집에 올 때마다 뭐가 고장 난 게 없나, 뭐가 부족한 게 없나 살피고 다니는가 보다.

우리 집에는 벽시계가 세 개, 소형 알람 시계가 다섯 개인데, 내가 건전지를 제때 넣어주지 않아서, 제대로 가는 시계가 한 개도 없었다. 그런데 애라가 고쳐주었다. 그리고 지난번 집에 와서 잠을 잤을 때, 모기에게 물렸었나 보다. 집에는 풀이 많이 자라나 모기가 벌써 생겼나 보다. 나는 아직 안 물렸는데 애라는 물렸었나 보다. 그래서 전자 모기향을 사 온 것 같다.

선물 뜯기를 다 한 다음에 애라랑 나는 마당에 나가서 채소들을 뜯었다. 쑥갓, 상치, 아욱은 잎을 뜯었고, 실파랑 작은 깻잎은 많이 뭉쳐져 있는 놈들을 뿌리째 뽑았다.

마당에서 대강 다듬은 다음에 부엌 싱크대에서 애라가 채소들을 씻었다. 다 씻은 놈들은 바구니에다 받쳐서 물기를 뺀 다음에, 각각 비닐봉지에 담아서 보자기에 쌌다. 애라네에 보내기 위하여.

애라는 내가 마당에서 키운 채소들을 참 좋아한다. 올 때마다 줘도 싫다고 하지 않고, 맛있다며 받아 간다. 채소를 다 정리한 다음에 애라가 맛있는 걸 사 먹으러 가자고 해서 둘이 골목으로 나왔다. 오늘 녹화를

마치면 오후 다섯 시에야 집에 올 수 있다면서 밖에서 사 먹자고 했다.

작년 내 생일에도 녹화가 있어서 내년에는 해 먹자 했었는데, 올해도 생일에 방송 녹화가 잡혀서 그 약속을 지킬 수 없었다. 내가 집에서 해 놓을까 하다가 애라가 하자는 대로 하기로 했다.

단둘이서 아무 데서나 먹으면 어때랴. 마음만 편하면 됐지.

우리는 동네에 있는 해물탕집에 가서 마주 앉았다. 건너편 식탁에서 모임을 하던 대학생들이 애라를 보고는 사인을 받으러 왔다. 조금 있다 가는 한 일곱 살쯤 되어 보이는 식당 주인 딸이 수줍은 듯이 와서 사인을 받아 갔다. 애라는 해물탕이 끓기 시작하자 계속해서 내 접시에 옮겨다 놓았다. 새우도 갖다 놓고, 조개, 홍합, 오징어 다리, 콩나물, 별게 다 있었다. 콩나물을 옮겨다 놓으면서 애라가 "우리 마당 쑥갓을 여기다 넣어 먹으면 맛있겠지요? 어머니, 많이 드시고 기운 내세요"라고 했다.

식사를 마치고 집으로 돌아오는 골목길에 어느 틈엔가 소문을 들었는지, 동네 꼬마들이 줄줄이 따라오며, "신애라다!" 하고 불렀다.

우리는 대문을 들어섰다 다시 나가서 꼬마들을 마당에 들어오게 하고는 인표가 출연한 '알바트로스' 팸플릿을 한 장씩 나누어 주었다. 어떤 꼬마가 "와, 차인표다!"라고 하자 애라가 그 꼬마에게 "차인표 형이라고 하세요. 그리고 신애라 누나라고 하세요. 알았죠?"라고 했다. 그러니까 꼬마들은 일제히 "네" 했다.

꼬마들을 보내고서 우리는 상에 마주 앉아 생일 케이크를 풀었다. 애라가 미니 초를 긴 것 다섯 개, 짧은 것 두 개를 케이크에 꽂았다. 나는 이번이 쉰네 번째, 만으로 쳐도 쉰세 살인데 애라가 두 살을 줄여주었다. 케이크를 자르는 미니 나이프에 묻어있는 화약에 성냥 알을 '획' 긋더니 초마다 불을 켰다. 그리고 애라가 생일 축하 노래를 불렀다. 나는 따라 부르기가 어색해서 안 불렀다. 애라 혼자서 독창을 한 셈이었다.

시어머니와 며느리, 단둘의 쓸쓸해 보이는 듯한 생일날이었지만, 나는 마음이 평화롭고 기뻤다. 그 어느 화려한 파티에서도 볼 수 없었던 진실한 마음을 느낄 수 있었다.

말씀 앞에 깨어지다

꿈같은 신혼을, 남편의 군 복무 기간 동안 보냈다. 함께한 시간보다 혼자 보낸 시간이 훨씬 많았기에 진짜 꿈을 꾼 듯 기억도 잘 안 난다.

드디어 인표 씨의 군 복무가 끝이 났다. 하지만 신혼의 단꿈은 꿔 본 적도 없이, 그때부터 그동안 몰랐던 서로의 단점이 하나둘 보이기 시작했다. 연애하며 상대의 장단점을 알고 맞춰가야 했으나, 워낙 짧은 연애 기간이라 콩깍지만 두껍게 덮여 장점만 보았던 거다. 그렇게 고대했던 남편의 제대였지만, 이후 아프고 힘든 싸움의 시간이 이어졌다. 우리는 하염없이 서로에게 비수를 꽂았다. 하루하루 살얼음판을 걷는 기분이었다.

"좋은 데야. 같이 가자."

결혼 삼 년 차쯤, 남편과의 갈등으로 지쳐있던 어느 날, 내가 진행하던 MBC 라디오 프로그램 〈정오의 희망곡〉 작가가 어디를 함께 가자고 했다. 도착한 곳은 한 연예인 선배의 집이었다. 그곳에서 성경 공부를 한다고 했다. 애초에 모르는 사람들과 성경을 공부한다고 하면 내가 안 갈 거 같으니 얼버무리고 무작정 데려간 거였다. 한 목사님의 사모님이 성경 공부를 인도했다.

'이게 뭐지?' 하는 표정으로 뻘쭘하게 앉아있는 내게 사모님이 물었다.

"신애라 씨는 지금 죽으면 천국에 갈 수 있을 것 같아요?"

혹 들어온 질문에 얼떨결에 솔직하게 대답했다.

"글쎄요. 그럴 것 같기도 하고, 아닐 것 같기도 하고… 요즘은 잘 모르겠어요."

남편과 사이좋게 지내지 못해 하나님께 죄송한 시기였기 때문이다. 질문이 이어졌다.

"그러면 예수님이 우리를 위해 십자가에 못 박혀 돌아가셨고 부활하신 걸 믿으세요? 그리고 다시 오실 걸 믿으세요?"

"예, 그건 믿지요."

"그렇다면 신애라 님은 의인이고, 어느 순간에 죽든지 천국에 가요."

세상에, 말도 안 되는 나를 사랑해 주시는 하나님, 어떤 모습에도 나를 사랑해 주시는 하나님, 나조차도 실망스러운 나를 사랑해 주시는 하나님. 아무런 조건 없고, 변함없는 그 사랑을 느끼는 순간 눈물이 핑 돌았다.

'아! 내가 뭘 하든, 어떤 처지에 있든 나를 향한 하나님의 사랑과 구원은 한 번도 변한 적이 없구나. 하나님을 사랑한다면서 하나님을 너무 몰랐네. 그동안 나는 실존하는 나의 창조주, 나의 주인, 나의 아버지 하나님이 아니라, 내가 만든 하나님을 믿고 있었구나.'

사모님은 '구원의 확신'에 대해 말해주었다. 처음 듣는 충격적인 얘기였다. 그렇게 오래 교회에 다녔는데, 하나님이 좋고 친구들이 좋고, 찬양하고 방언도 하고, 수련회 가면 성경 구절도 암송하고, 교회에서 임원까지 했는데, 나는 정작 구원의 확신이 없었던 거다.

내가 하나님의 아들의 이름을 믿는 너희에게

이것을 쓰는 것은 너희로 하여금

너희에게 영생이 있음을 알게 하려 함이라

요일 5:13

당시 내 안에는 번민이 가득했다.

'하나님을 믿는데 내 삶은 왜 이렇게 힘들지? 남편과는 왜 이리 싸우고, 그를 이토록 미워할까?'

그 자리에서 이유를 안 나는 깊이 회개했다.

'모든 게 저 때문이네요, 하나님. 남편이 저와 너무 달라 이해되지 않고, 그에게 문제가 많다고 여기고, 때로는 결혼도 잘못했다고 억울해했는데 그게 아니었네요. 하나님을 믿는다고 하면서 하나님을 잘 모르고, 구원받은 사람처럼 행동하지 않은 제 문제였네요.'

순간, 이 모든 어려움의 발단이 말씀을 잘 모르는 데 있다는 걸 깨달았다. 실제로 나는 교회를 다닌 연수는 오래됐지만, 성경을 제대로 통독해 본 적이 한 번도 없었다.

성경에는 하나님이 어떤 분인지, 그분이 어떻게 천지를 창조하셨는지, 하나님을 믿는 계보와 믿지 않는 계보가 나와 어떤 상관이 있는지, 그리고 앞으로 구원받은 자가 누릴 영원한 생명에 대해서도 모든 진리가 담겨있다. 우리 인생의 가장 완전한 가이드라인이 바로 성경이다. 그런 말씀을 놓치는 건 설명서 하나 없이 복잡한 전자제품을 사용하는 것과 다름없다.

모든 성경은 하나님의 감동으로 된 것으로
교훈과 책망과 바르게 함과 의로 교육하기에 유익하니
이는 하나님의 사람으로 온전하게 하며
모든 선한 일을 행할 능력을 갖추게 하려 함이라

딤후 3:16,17

그날 나는 살아계신 진짜 하나님을 만났다.

여호와여 주의 도를 내게 가르치소서

내가 주의 진리에 행하오리니

일심으로 주의 이름을 경외하게 하소서

시 86:11

내가 여호와께 바라는 한 가지 일 그것을 구하리니

곧 내가 내 평생에 여호와의 집에 살면서

여호와의 아름다움을 바라보며 그의 성전에서 사모하는 그것이라

시 27:4

부부

어찌 보면 잘 사는 부부와 헤어지는 부부는 종이 한 장 차이라는 생각이 든다.

'더는 못 살겠다' 하는 암울한 순간에 버티냐 마느냐 갈등하다가, '버티자'를 선택하면 또 하루가 지나고 새날을 맞는 거다. 나도 그렇게 하루하루를 살아왔고 어느덧 결혼한 지 삼십 년이 되어간다. 결코 우리가 잘해서가 아니다. 그렇기에 '버티자'를 선택

하지 못해 아픔을 겪는 후배를 보면 안타까운 마음이 든다.

남편과는 너무 달라서 아직도 티격태격하고, '난 바울처럼 혼자 살아야 했어'라고 푸념할 때도 있지만, 신혼 때 부부싸움이 태풍이었다면, 지금은 미풍 정도다. 이제는 상대의 단점이 아닌 내 부족함을 돌아보고, 서로를 있는 모습 그대로 받아들인다. 불타는 열정은 사라졌지만, 대신에 서로를 불쌍히 여길 줄 아는 긍휼의 마음이 생겼다.

하나님으로부터 구원받았다는 확신이 변화의 시작이었다. 하나님께 이미 구원받았기에, 더 이상 무서울 게 없었다. 나를 괴롭히던 작은 것들이 그다지 대수롭지 않게 여겨졌다. 그리고 남을 변화시키기보다 나를 먼저 돌아보는, 편안하고 너그러운 마음이 싹트기 시작했다. 상대의 티끌보다 내 눈의 들보를 먼저 보게 하신 하나님의 조명하심 덕분이었다. 구원의 확신을 깨달음으로 세상을 바라보는 나의 관점이 조금씩 바뀌었다.

우리는 그리스도 안에서 그의 은혜의 풍성함을 따라

그의 피로 말미암아 속량 곧 죄 사함을 받았느니라

엡 1:7

미국에서 공부할 때 히즈 대학 교수님이 해준 말이 떠오른다. "지금 배우자의 모습은 나의 책임이다."

자녀가 부모의 성적표이듯, 지금 내 남편의 모습은 내 결혼생활의 성적표이고, 나의 모습도 남편의 성적표라는 뜻이다. 즉 내가 잘못됐다면 그건 남편의 책임이고, 내가 잘됐다면 그것도 내가 잘나서가 아니라 남편이 그런 배경을 만들어 주었기 때문이라는 말이다. 깜짝 놀랐다. 한 번도 그렇게 생각해 본 적이 없는데 생각하면 할수록 참 와닿는 내용이다.

남편과 나를 봐도 그렇다. 내가 이룬 행복한 가정과 삶은 모두 그의 도움이 있었기에 가능했다. 말할 수 없이 부족한 아내에게 과분한 남편이다. 그래서 그를 생각하면 항상 미안하고 감사하다.

돌이켜보면, 남편 차인표 씨는 하나님께서 내게 주신 짝이다. 나보다 나를 더 잘 아시는 하나님께서 나에게 딱 맞는 사람을 남편으로 주셨다고 생각한다. 비록 성향은 정반대지만, 그렇기에 서로의 부족함을 채워줄 수 있다.

나는 단순 무식한 면이 있다. 처음엔 의심이 많고 마음을 열기까지 시간이 걸리지만, 마음이 열리면 끝까지 가는 성격이다. 그래서 한번 결정한 일은 빠르게 추진한다. 남편은 반대다. 섬세하고 신중해서 내가 급하게 가면 '워~ 워~' 하고 잡아준다. 내가 놓치는 점을 짚어주고 합리적 의심과 성찰을 하도록 도와준다. 물론 지나치게 진중한 면이 때로는 힘들 때도 있지만, 그것 또한 나에게 부족한 면이기에 감사하다.

또 나는 주장이 강하고 고집이 센 편인데, 남편은 딱히 고집이 없고 잘 따라주는 편이다. 두 딸을 공개입양하고, 아이들에게 입양을 얘기하고, 컴패션 봉사를 하고, 미국 유학을 다녀오고, 야나 홍보대사를 할 때도 남편은 내 의견을 따라주고 지지해 주었다.

지금도 내가 보육원 봉사를 가거나 관련한 일로 바빠도 묵묵히 기다려 준다. 집을 자주 비우는 아내에게 이따금 불평은 할지언정, 결국은 "우리 아내 너무 착하다. 너무 예쁘다"라고 칭찬해 준다. 그게 참 고맙다.

아내의 내조는 한없이 부족한데 남편의 외조는 차고 넘친다. 내가 계속해서 일대일 돌봄이 필요한 아이들에게 관심을 두고 전력을 쏟을 수 있는 것도 전부 남편 덕이다. 내가 이룬 가정과 삶은 모두 그의 도움이 있었기에 가능했다.

그는 언제든 내가 하는 사역에 동참할 만반의 준비를 하고 있다. 컴패션 활동도 뒤늦게 뛰어들었다가, 후에는 나보다 더 열정적으로 임해주었다. 앞으로 야나 사역도 그러리라 기대한다.

하나님께서 주신 거룩한 부담감에 대해 함께 나누고, 서로 의지할 수 있다는 건 축복이자, 선물이다. 그거야말로 부부가 한 방향을 바라본다는 증거이기 때문이다.

두 사람이 뜻이 같지 않은데 어찌 동행하겠으며

암 3:3

다섯 번째 흔적

긍휼의 방향을 찾다
사랑과 정성이 고픈 아이들
사랑은 경험으로 배우는 것
엄마의 마음

긍휼의 방향을 찾다

1998년, 군에서 전역한 남편이 열심히 활동을 이어간 덕에 그동안 생계(?)를 책임져 온 나는 모처럼 쉴 수 있게 되었다. 쉬는 동안 성경 공부 모임에도 꾸준히 참석했다. 그때 처음으로 낸 기도 제목이 "아기를 갖고 싶어요"였고, 감사하게도 얼마 지나지 않아 정민이를 잉태했다.

아이가 배 속에 생기자마자 나는 벼르고 벼르던 생애 첫 성경 통독을 시작했다. 그전에도 성경을 읽어보려 시도는 했지만, 창세기와 출애굽기를 억지로 읽다가 레위기부터는 '뭐가 뭔지 모르겠다' 하며 덮어버리기 일쑤였다.

그런데 임신 후 통독 때는 성경이 재미있게 다가왔다. 특히 창세기는 한 편의 영화를 감상하는 듯했다. 그동안 안 읽힌 게 신기할 정도였다.

'하나님이 내게 해주고 싶으셨던 이야기가 이렇게 많았다니!'

십 개월간 성경을 흥미진진하게 완독했다. 그리고 기도 노트도 만들었다. 처음에는 그때그때 생각나는 대로 내 필요만 기도했는데, 시간이 지날수록 중보할 사람들의 이름과 기도 제목도 적고, 언제, 어떻게 응답을 받았는지도 기록했다. 그러면서 주님과의 '찐' 교제가 시작되었다.

모든 기도와 간구를 하되
항상 성령 안에서 기도하고
이를 위하여 깨어 구하기를 항상 힘쓰며
여러 성도를 위하여 구하라
엡 6:18

너희가 내 안에 거하고 내 말이 너희 안에 거하면
무엇이든지 원하는 대로 구하라
그리하면 이루리라
요 15:7

그의 뜻대로 무엇을 구하면 들으심이라
요일 5:14

그즈음 나는 보육원 봉사를 다시 시작했다. 제주도 신혼여행 때 선물을 사서 보육원을 방문한 이후 삼 년만이었다. IMF로 경제가 어렵던 때라 보육원을 향한 발길과 온정도 급격히 줄어들었다. 아이들은 여전히 사랑스러웠고, 그 어느 때보다 사랑과 관심이 많이 필요해 보였다. 반나절 동안 아이들을 안아주고 놀아주었는데도 어디서 힘이 솟아나는지 지치질 않았다. 그저 함께할 수 있어 감사하고 행복했다.

나는 종종 강의 자리에 서는데, 주로 부모 교육이나 관계, 나눔을 주제로 강연한다. 그중 '나눔'에 대해 이야기할 때는, 각자가 가지고 있는 '긍휼의 방향'을 찾는 게 중요하다고 강조한다.

'긍휼'의 사전적 의미는 '불쌍히 여겨 돌봐줌'이다. 누군가를 불쌍히 여겨 돌봐주는 거야말로, 하나님의 성품을 닮은 인간 고유의 특성이자, 인간을 동물과 구분하는 가장 큰 지표다.

우리 주변에는 '강도 만난 자'가 너무 많다. 가난, 질병, 사건, 사고, 우울증, 중독, 학교폭력, 조실부모 등 인생에 찾아온 강도 때문에 무너지고 쓰러지는 사람 말이다. 그들은 혼자 힘으로는 도저히 일어설 수 없다. 선한 사마리아인처럼 다가가 손을 잡아 일으켜 세워주고, 기운을 차리도록 도와주어야 한다.

우리가 저마다 하나님께서 부여하신 긍휼의 방향을 찾고, 마음속의 감동을 따라 선한 사마리아인이 되길 간절히 바란다.

어떤 사마리아 사람은 여행하는 중 거기 이르러

그를 보고 불쌍히 여겨

눅 10:33

네 생각에는 이 세 사람 중에

누가 강도 만난 자의 이웃이 되겠느냐

이르되 자비를 베푼 자니이다

예수께서 이르시되

가서 너도 이와 같이 하라 하시니라

눅 10:36,37

여러 부류의 강도 만난 자를 위해 하나님은 각 사람에게 긍휼의 성품을 심고, 그 방향을 다르게 주셨다고 나는 믿는다. 어떤 사람은 어르신, 어떤 사람은 노숙자, 어떤 사람은 장애인, 어떤 사람은 환우, 어떤 사람은 수감자 등에게 긍휼함을 느낀다. 유독 관심이 가고 돕고 싶은 대상을 향해 마음의 창이 활짝 열려있는 거다.

긍휼의 방향을 찾고 싶다면, 자신이 어떤 사람을 만나거나, 어떤 뉴스를 접할 때 더 마음이 쓰이고 그 마음이 오래가는지 살펴보면 된다.

나의 경우, 가장 마음이 쓰이는 대상은 '아이들'이다. 그중에서도 마땅히 받아야 할 사랑과 관심을 받지 못하고, 마땅히 누려야 할 권리를 누리지 못하는, 일대일의 돌봄을 받지 못하는 아이들. 나는 아동에 대한 학대나 사건 사고 뉴스를 볼 때면 피가 거꾸로 솟는 느낌을 받는다.

주변에 나와 비슷한 사람이 있는데, 메이크업 아티스트 이경민 원장이다. 1990년대 초, 첫 광고 촬영 때 만나 지금까지 자매처럼 지내는 사이다. 언니는 재활원에서 아이가 먹다가 주는 것도 넙죽넙죽 잘 받아먹는다. 아이가 콧물이나 침을 흘려도 "아이고, 이뻐" 하며 휴지가 없을 땐 맨손으로 닦아주고 내 아이, 내 손자에게 하듯 보듬어 준다.

언니는 지금껏 나의 친구 겸 봉사 동역자다. 야나 사역을 시작할 때도 제일 먼저 동참해 주었다.

두 사람이 한 사람보다 나음은
그들이 수고함으로 좋은 상을 얻을 것임이라

전 4:9

사랑과 정성이 고픈 아이들

정민이를 임신한 1998년에도 나는 '긍휼의 방향'을 따라 보육원 봉사를 하고 있었다.

지금은 보육원마다 환경이 다르지만, 당시에는 대부분 한 방에서 어린아이부터 큰아이까지 열 명 가까이 함께 생활했다. 하지만 그들을 돌보는 엄마 역할의 보육사는 며칠씩 번갈아 교대 근무하는 선생님 두 분뿐이었다.

　내가 보육원을 방문한 첫날, 반갑게 맞이하는 어린아이들과는 다르게 큰 애들(주로 중고생)은 애써 나를 외면하고 거들떠보지도 않았다. 여러 차례 주기적으로 방문한 후, 아이들에게 들은 이야기는 이랬다.

　그 보육원은 강남에 있어서 카메라를 대동한 연예인들이 자주 방문했다고 한다(홍콩 배우 '성룡'도 다녀간 적이 있단다). 큰 아이들은 잠시나마 친하다고 생각했던 TV 속 언니, 오빠가 약속과는 달리 다시 오지 않는 게 상처가 된 모양이었다. 그래서 나를 보고도 '연예인이 또 왔네. 이번엔 뭘 촬영하나?' 하는 시큰둥한 반응을 보인 거였다.

　나는 작은 아이들과 시간을 보내며 계속 방문을 이어갔다. 아이들을 안아주고 함께 노는 그 시간이 감사하고 소중했다. 꾸준히 가다 보니 큰 애들도 슬금슬금 다가오기 시작했다. 내가 방문하는 횟수에 비례해서 마음의 문을 조금씩 여는 듯했다. 얼마 지나지 않아서는 큰 아이들과 스스럼없이 대화하며 시간을 같이 보낼 수 있었다.

당시 보육원 아이들의 마음을 들여다보게 된 몇 번의 기회가 있었다.

하루는 아이들의 생활기록부를 보게 되었는데, 거기에는 사진이 붙어있었다. 아이들이 보육원에 처음 입소하면서 찍은 사진인 듯했다. 생활기록부를 넘길 때마다, 이제 막 아기 티를 벗은 어리디어린 코흘리개들이 빛바랜 사진 속에 있었다. 내가 만나고 있는 큰 애들이었다.

눈물이 왈칵 쏟아졌다.

'세상에, 큰 애들이 이렇게 어릴 때부터 지금까지 평생을 여기에 있었던 거구나.'

혹시 찾으러 올지 모를 친부모를 기다리며 많은 날을 가슴 졸이며 기다렸을 아이들. 방문객을 맞으며 혹시 나를 입양하지는 않을까, 수없이 기대하고 체념했을 아이들. 그러는 사이 십수 년이 흘러 다 커버린 아이들. 서울 한복판에 있는 보육원 울타리를 넘어 학교에 가면 자신의 처지가 친구들과 몹시 비교되었을 아이들. 방과 후에 친구들이 각자의 집으로 돌아갈 때 터덜터덜 시설로 돌아왔을 아이들. 그 마음이 얼마나 아팠을까! 내 마음에 아이들의 아픔이 고스란히 전해졌다.

한번은 이런 일도 있었다.

중고생 아이들과 함께 TV를 볼 때였다. 당시 인기 있던 드라마를 보는데, 마침 보육원에서 자란 여주인공이 생모를 처음으로 만나 울면서 얘기하는 장면이 나왔다. 그러자 아이들은 자기들끼리 대화를 주고받았다.

"나도 나중에 엄마 만나면 저렇게 얘기하려고 했는데."

"난 절대 아무 말도 안 할 거야."

"왜 만나? 난 안 만날 거야."

"난 만나면 진짜 화낼 거야."

대화 내용도 안타까웠지만, 그 말을 하는 아이들의 표정을 보는 게 더 힘들었다. 말과는 달리 아이들의 얼굴에 그리움과 서운함이 짙게 배어있었기 때문이다.

어느 날은 TV를 보던 중 김혜자 선배님이 나오는 광고를 보게 되었다. 된장찌개 한 입을 먹고는 "음~ 이 맛이야"라고 말하는 장면이었다. 우리는 "아, 맛있겠다" 하며 저마다 배고픔을 드러냈다. 그리고 마침 저녁 시간이 되어 아이들과 함께 밥을 먹으러 식당으로 갔다.

여느 때처럼 크고 작은 아이들이 다 같이 줄을 섰고 우리도 줄 뒤에 합류했다. 그 순간, 뒤통수를 한 대 얻어맞은 듯했다. 시설의 아이는 모두 차가운 스테인리스 식판에 식사를 받는다. 하지만 학교나 군대의 급식처럼 일시적인 게 아니라 보육원에 입소한 날부터 그날 그 순간까지 매일, 평생을 그렇게 먹는 거다. 아니,

앞으로도 퇴소하는 날까지 계속해서 그 차가운 식판에 밥을 먹을 거다.

지금은 나이별로 방이 나뉘어 가정처럼 지내는 곳도 있지만, 대부분 여전히 식판을 사용한다. 여러 아이에게 일일이 다른 식기를 제공하는 게 적은 인력으로는 쉽지 않은 일이기 때문이다.

보글보글 끓는 뚝배기의 찌개, 김이 모락모락 나는 공깃밥, 각종 그릇에 담긴 반찬들. 그것을 보는 아이들과 나의 "맛있겠다"는 완전히 다른 의미였다. 아이들은 배가 고팠던 게 아니라 사랑과 정성이 고팠던 거다. 무엇보다 가장 고픈 건 "많이 먹어" 하며 자신을 지켜보는 엄마의 따뜻한 시선이리라. 자신을 쓰다듬어 주는 따뜻한 손길이리라.

아이의 허기짐은 이 근원적인 결핍에서 비롯된다. 실제로 연장 아동을 입양한 가정의 이야기를 들어보면, 입양 초기에 아이가 끊임없이 음식을 탐했다고 많이들 이야기한다.

아이는 자신의 숨은 내적 동기까지는 알지 못한다. 그저 늘 허기지고 먹어도 먹어도 배고플 뿐이다. 아이들은 광고 속 된장찌개가 아니라 엄마의 사랑이 먹고 싶다.

어릴 때 부모와 떨어져 보육원에서 초중고 시절을 지내고, 만 십팔 세에 그곳마저 떠나야 하는 아이들. 그 마음을 생각해 본다.

부모는 아이의 '온 세상'이자 '우주'다. 그로부터 거절과 배신을 당한 절망감, 사무치는 외로움과 불신의 상처, 그 여린 마음에 켜켜이 쌓인 아픔은 얼마나 큰 흉터가 될까!

요즘은 보육원 환경이 많이 개선되었고, 보육사의 수준도 높아졌다. 아이들을 연령대로 나누어 가정처럼 방을 쓰게 하고, 한 보육사당 다섯에서 일곱 아이를 돌보도록 개선되는 추세다. 하지만 아무리 그래도, 일대 다수로 보살필 수밖에 없기에, 아이가 가정에서처럼 개인적인 돌봄을 받지는 못한다.

한 아이를 자라게 하는 데는 물질만 필요한 게 아니다. 오히려 물질은 부족해도 제대로 된 사랑과 관심이 아이를 건강하게 키워낸다. 시설의 아이가 물질의 풍요는 누리게 되었을지언정, 진짜로 필요한 일대일 돌봄은 여전히 결핍된 상황이다.

제일 좋은 건 친부모의 사랑이지만, 친생부모가 아니면 입양 부모라도, 아니면 위탁 가정에서라도 주 양육자의 충분한 사랑과 관심을 받아야 아이는 건강하게 자랄 수 있다.

일대일 양육을 통한 관심과 사랑, 이 근본적인 해답을 뒤로한 채 경제적 지원에만 치중한다면, 사랑이 빠진 물질과 환경의 풍요 속에서 아이들은 더 큰 공허함과 결핍으로 고통받을 수밖에 없다. 외적 환경이 아무리 채워진다 해도, 사람의 중심인 마음은 여전히 비어있기 때문이다.

사랑은 경험으로 배우는 것

내가 거의 만삭이 되었을 때 보육원 아이들이 내 배를 만지며 신기해했다.

"배 속에 정말 아기가 있어요?"

"그럼, 있지. 너희도 다 이렇게 태어났어. 비록 지금은 엄마랑 같이 있지 못하지만, 너희가 배 속에 있을 때 너희 엄마도 이렇게 조심하고 아끼고 사랑하셨을 거야."

내 말을 알아듣는지, 못 알아듣는지 아이들은 그저 눈만 껌뻑이며 나를 바라보았다.

정민이를 낳고, 두 돌이 지나고 나서는 종종 보육원 아이들 서너 명을 데리고 나와 당시 내가 다니던 집 앞 작은 교회에서 함께 예배를 드렸다.

어느 주일, 어린이 예배를 마친 후 아이들이 뛰어놀기 시작했다. 아이들은 정민이를 참 예뻐했다. 자기들이 봤던 나의 큰 배, 거기서 태어난 아이가 신기하고 정도 들었나 보다.

그날따라 한 아이가 유독 정민이를 끌고, 당기고, 볼을 꼬집었다. 자기 딴에는 동생이 예뻐서 하는 행동이었는데, 어린 정민이는 누나가 달려드는 게 무섭고, 꼬집는 게 아프니 서럽게 울며 나를 찾았다. 나는 그 아이를 불러서 물었다.

"○○아, 아기가 예뻐서 그러는 거지?"

아이는 그렇다고 했다.

"그래, 그렇구나. 그런데 예쁘다고 잡아끌면 아기가 다칠 수 있어. 그리고 얘는 팔도 아프고 볼도 아프니까 네가 자기를 예뻐한다고 생각 못 해. 무서워서 아기가 울지? 좋을 때는 '아이 예뻐~ 사랑해~' 하고 안아줘. 손잡아 주고 뽀뽀도 해줘. 그래야 아기가 사랑받는다고 느껴."

아이는 멀뚱멀뚱 나를 쳐다봤다.

사랑은 말로 배우고 학습하는 게 아니다. 오로지 받아본 경험에 의해서만 알 수 있고, 줄 수 있다. 받아본 적 없는 사랑을 아이들이 어떻게 표현하고 베풀 수 있겠는가. 알려주면서도 마음이 아팠다.

가정을 이룬 자립 청년 중 많은 이가 이혼의 아픔을 겪는다고 한다. 가정에서 부모의 결혼생활을 보고 듣고 경험한 사람들의 이혼율도 급격히 증가하는 요즘, 자립 청년들의 아픈 결과는 새삼스러운 일이 아니다.

보육원이 정부 관할이 되면서 이전에 발생했던 크고 작은 문제가 상당 부분 개선된 건 사실이다. 하지만 여전히 국내 다수의 보육원에서는 큰 아이가 작은 아이를 때리는 일이 빈번히 발생한다고 한다. 동생이 예뻐서 때리고, 귀여워서 때리고, 말 들으라고 때리고, 화나서 때린다. 무엇보다 자신이 맞아왔기 때문에, 학습된 대로 아랫사람을 때린다. 보육원에는 가해자가 없는 것 같다. 그저 통과의례처럼 자기가 당한 걸 똑같이 되풀이할 뿐이다. 피해자만 가득한 보육원의 현실이 몹시 마음 아프다.

아무리 보육사 선생님이 지켜본다 해도 한계가 있다. 사랑을 못 받고 자란 아이의 왜곡된 표현 방식과 굳어진 폭력성을 규율이나 말로써 바로잡기란 쉬운 일이 아니다. 아이의 표현법을 바로 잡고 마음을 움직이는 건 감시가 아닌 '체험'이요, 규율이 아닌 '경험'이다. 직접 사랑과 관심을 받아본 아이만이 그 감정을 바르게 표현할 수 있다.

당장 입양이나 위탁까지는 아니더라도, 이 아이들을 사랑하는 따뜻한 마음을 가진 사람이 주기적으로 아이를 만나 일대일 돌봄과 관심을 준다면, 아이들은 분명히 달라질 것이다.

엄마의 마음

과연 어떻게 해야 이 아이들에게 사랑과 관심을 나눠줄 수 있을까? 그 답을 찾다가, 나는 첫 아이 정민이를 낳던 시절을 떠올렸다. 심한 입덧으로 지독히 고생한 끝에 1998년 12월에 정민이를 낳았다. 자정쯤 양수가 터져 밤새 진통을 겪었고, 새벽 여섯 시를 지나 자연분만했다. 낳자마자 아기를 내 가슴 위에 잠깐 올려 달라고 부탁했다. 그래서 탯줄을 끊기 전에 내 아이를 처음으로 안아보았다. 아기 몸은 회색빛이 도는 보라색이었고 차가웠다. 이내 간호사가 아기를 데려가 처치하는데 처음에는 안 울던 아기가 "에엥" 하고 울음을 터뜨렸다. 그 울음소리가 감사하면서도 왠지 안쓰러웠다.

이튿날, 신생아실에서 아기를 제대로 안아보았다. 아기는 입술을 바르르 떨며 울었다. 임신 중에 배 속 아기에게 성경을 읽어주고 배를 어루만지며 알파벳 송도 불러주곤 했다. 우는 아기를 안고 배 속에 있을 때처럼 알파벳 송을 불러줬더니 신기하게도 금세 울음을 그쳤다.

퇴원하고 집에 온 지 며칠 안 되어 아기가 열이 났다. 불덩이 같은 아기를 싸매고 급히 병원에 달려갔다. 의사는 아기를 입원시켜 열을 떨어뜨려야 하며, 열이 안 떨어지면 척수 검사를 해야 한다고 했다. 청천벽력 같은 소리였다. 갓 태어난 내 아기가 척수 검사를 받아야 할지 모른다니! 태어난 지 열흘도 안 된 아기가 열을 내리기 위해 발가벗겨져 기저귀만 찬 채 버둥거리며 우는 모습이 안쓰러워서 나도 울었다.

다행히 며칠 만에 열이 내려 퇴원했지만, 그 후로 아기가 조금만 울어도, 조금만 오래 자도, 또는 자꾸 깨도 걱정이 되었다. 아기를 낳기 전에는 몰랐던 부모의 마음이 아기를 낳고 키우다 보니 하나하나 세밀하게 느껴졌다.

아들 정민이가 육 개월쯤 되어 첫 감기에 걸렸다. 아기는 고열과 기침과 코 막힘으로 고통스러워했다. 우리 집에서 매주 성경 공부를 하던 때였는데 먼저 오신 장로님이 내게 물었다.

"정민이는 좀 어때요?"

"코가 꽉 막혔어요."

그 말을 하며 왈칵 눈물이 터졌다.

아이가 열이 나고 기침만 해도 우는 게 엄마의 마음이다. 남들은 대수롭지 않게 여길지 몰라도 내 아이가 아파하는 걸 보면 엄마는 가슴이 찢어진다. 그게 엄마고, 그러니까 엄마다. 아픈 아이 때문에 눈물짓고, 아이 걱정으로 밤잠을 설치고, 갓 태어난 아기를 가슴에 안고 축복하는. 내가 아기를 낳고 기르며 엄마로서 품었던 그 모든 마음이 바로 사랑이고 관심이리라.

엄마가 있는 아이, 가정이 있는 아이는 그 사랑과 관심을 받으며 자라기에, 그것을 누군가에게 돌려줄 수 있다. 그러나 그것을 받아보지 못한 아이는 그게 뭔지를 도무지 모르기에 되돌려 줄 수 없는 것이 당연하다.

'아이가 감기만 걸려도 엄마 마음이 이렇게 아픈데, 시설의 아이를 위해서는 과연 누가 함께 아파해 줄까?'

갓 난 내 아기를 품에 안아보니 영아원 아기들 생각이 많이 났다. 그래서 아들이 자라 유치원에 다니기 시작할 무렵, 나는 영아원 방문을 시작했다. 격주로 가서 기저귀 갈기, 분유 주기, 씻기기 등의 봉사를 했다.

그곳에는 방 하나에 스무 개 정도의 작은 투명 플라스틱 침대가 줄지어 있었고, 침대마다 갓 태어난 아기가 누워있었다. 태어난 지 일주일이 안 된 아기도 많았다.

보육사 수가 워낙 모자라 수유 시간에는 아기 얼굴 옆에 수건을 동그랗게 말아 고정하고 그 위에 젖병을 올려 기대둔 채 아이 입에 물렸다. 포대에 쌓인 아기가 입에서 젖병을 놓치기라도 하면 보육사가 다시 물려줄 때까지 아기는 우유를 먹지 못하고 조그만 입을 허공에 허우적댔다. 지금 생각해도 마음 아픈 광경이다.

일반 가정에서는 아기를 목욕시킬 때 물 온도도 체크하고, 그 작은 몸을 마사지해주고, 눈을 맞추며 말도 건다. 하지만 영아원에는 아기가 많고, 일손은 적다 보니 아이마다 개별적인 관심을 주기가 쉽지 않다. 그저 방 안 한편의 주방에서 쓰는 커다란 싱크볼에서 아기들을 빨리 씻겼다. 차례로 씻기고, 물기를 닦고, 로션을 바르는 것만으로도 보육사 선생님은 잠시도 쉬지 못하고 바쁘게 움직여야 했다. 따라서 아기와 눈 맞추고, 얼러주며 교감하는 시간을 갖는건 불가능했다.

나는 영아원 시설의 현실적인 한계를 보며 입양을 더 생각하게 되었다. '아이를 더 낳고 입양할까?'라는 마음도 있었지만, 당장 눈앞에 엄마가 필요한 아기가 이렇게 많은데, 굳이 입덧을 또 하며 같은 고생을 반복하지 않아도 되겠다는 생각이 들었다.

초저녁에 일어나 부르짖을지어다

네 마음을 주의 얼굴 앞에 물 쏟듯 할지어다

각 길 어귀에서 주려 기진한

네 어린 자녀들의 생명을 위하여

주를 향하여 손을 들지어다 하였도다

애 2:19

여섯 번째 흔적

목적이 이끄는 삶

이제 2005년부터 몇 년간 나와 남편의 삶에, 우리 가정에, 더 나아가 내 주위에 생긴 변화에 관해 이야기할 차례다. 어쩌면 내 인생의 이 대목을 쓰기 위해 책을 써야겠다고 마음먹었는지도 모른다. 보물처럼 숨어있는 기적의 시간, 그 기억을 지금부터 떠올려 본다.

위암 수술 후 항암보다는 자연 치유를 택하셨던 엄마. 앞서 말했듯, 선택의 결과는 좋았다. 오 년 동안 건강을 완전히 회복하고 행복하게 지냈다. 온 가족이 '이제는 완치되었네' 하며 안심하고 방심했던 2003년 5월, 안타깝게도 엄마는 암 전이 진단을 받으셨다. 이삼 개월의 시한부 선고를 받은 엄마는 그 후 십오 개월을 더 버티며 우리에게 덤의 시간을 선물로 주고 하나님의 부르심을 받았다.

돌아가시기 전까지 엄마는 병원과 집을 오가며 투병 생활을 하섰다. 하나님을 나보다 늦게 만났지만, 그분을 향한 사랑과 믿음이 남달랐다. 마지막 십오 개월 동안, 엄마는 병상에서 성경책과 기독교 서적을 읽고 또 읽었다.

"애라야, 이 책 너무 좋다, 한번 읽어봐."

엄마가 내게 권했던 책들이 있다. 그중 한 권이 《목적이 이끄는 삶》이었다. 나는 "응, 그럴게"라고 말만 하고 정작 엄마가 소천한 지 일 년이 지날 때까지 읽지를 못했다. 아니, 완전히 잊고 있었다.

사실 엄마가 돌아가시고 굉장히 공허했다. 사람은 누구나 죽는 거라고, 엄마는 천국에 가셨다고, 우리는 다시 만날 거라고 마음을 다독였지만 짙은 슬픔은 가시질 않았다. 세상이 부러워하는 성공, 가정, 자녀, 돈, 인기, 명예를 가졌어도, 엄마라는 한 사람이 빠진 내 인생은 해결되지 않는 그리움으로 부족하게만 느껴졌다.

그렇게 일 년을 지내고 미국으로 여행을 갔는데, 거기서 만난 친한 후배의 손에 들린 책을 보게 되었다. 《목적이 이끄는 삶》.

갑자기 귓가에 엄마의 목소리가 들리는 듯했다.

"애라야, 이 책 너무 좋다, 한번 읽어봐."

한국에 오자마자 책을 읽었다. 이 책은 내 인생 처음으로 읽은 기독교 서적이자, 내가 가야 할 길을 알려준 내비게이션이 되었다.

'하나님이 나를 그냥 만드신 게 아니구나. 그저 나 하나 잘살고, 가정이나 건사하고, 가끔 좋은 일 하면 충분하다고 생각했는데… 그게 아니네.'

이 책을 통해 내 인생을 향한 하나님의 분명한 목적이 있다는 진리를 알게 되었다. 하나님은 나를 지으실 때부터, 아니 천지를 창조하실 때부터 나를 향한 계획과 목적이 있으셨다. 내 성격, 환경, 외모, 직업, 심지어는 내 자유의지에 따른 선택의 결과까지도, 나와 나를 둘러싼 모든 게 그분의 목적을 향해 있었다.

왜 내가 지금의 모습으로 살게 되었는지, 내 삶에 일어난 무수한 일이 하나씩 해석되었다. 흩어져 있던 퍼즐 조각이 맞춰지는 것 같았다. 뿌연 안개가 걷히고 눈앞의 사물이 형체를 드러내고 있었다.

모든 인생을 향한 하나님의 완벽한 계획과 뜻이 있음을 알게 되자, 더는 엄마의 죽음도 슬프지 않았다. 어둡게 느껴지던 내 인생이 기대되기 시작했다.

우리는 대상을 잘못 파악하고 아무 성과를 못 내는 상황을 '헛다리 짚는다'라고 한다. 나는 그동안 나의 달란트에 대해 헛다리를 짚고 있었다. 내 달란트가 '연기'라고 생각하며 살아왔다. 직업이 대중 연예인이고, 연기자이니 당연했다. 그러면서 내심 이런 생각도 했다.

'왜 나는 칸 영화제 같은 국제적인 무대는 고사하고, 국내 영화제에 갈 만큼의 영화도 못 찍을까?'

'하나님께서 원하시면 나를 얼마든지 세계적인 스타로 만드실

수 있는데, 왜 안 그러시지?'

그렇게 해주시면 여러 자리에서 "이 영광을 하나님께 바칩니다"라며 좋으신 하나님을 전할 자신이 있는데, 하나님의 이름을 외칠 각오가 되어 있는데 왜 안 그러시는지 궁금했다.

그런데 책을 읽으며 깨달았다. 내 달란트는 연기가 아니라는 걸. 하나님이 나를 만드신 목적은 배우로서 연기를 통해 하나님께 영광 돌리는 게 아니었다. 연예인은 내가 좋아하는 직업이자 살아가기 위한 수단일 뿐, 나를 향한 하나님의 계획은 다른 데 있었다.

너희 마음의 눈을 밝히사
그의 부르심의 소망이 무엇이며
성도 안에서 그 기업의 영광의 풍성함이 무엇이며

엡 1:18

눈물이 쏟아지며 회개 기도가 절로 나왔다.

"하나님, 정말 죄송해요. 몰랐어요. 하나님을 사랑한다면서 하나님의 마음은 전혀 몰랐어요. 내 창조주, 내 아버지 하나님, 말로만 내 인생의 주인이라고 했던 제 무지를 회개합니다. 하나님이 저를 만드신 목적도 모른 채 지금껏 살아왔네요. 이제라도 기회를 주셔서 감사합니다."

하나님의 마음을 알게 된 이상 지금처럼 살 수는 없었다. 어떻게든 나를 향한 그분의 목적대로 살고 싶었다.

"하나님, 저를 만드신 이유, 저를 지으신 목적이 무엇인가요? 알려주세요. 이제는 하나님의 뜻대로 살기를 원합니다."

네 길을 여호와께 맡기라

그를 의지하면 그가 이루시고

시 37:5

너희는 내 얼굴을 찾으라 하실 때에

내가 마음으로 주께 말하되

여호와여 내가 주의 얼굴을 찾으리이다 하였나이다

시 27:8

오십 명의 엄마가 되다

하나님의 목적이 궁금해서 짧게 기도만 했을 뿐인데, 하나님은 기다리셨다는 듯 그때부터 '나를 향한 계획'을 보여주기 시작하셨다. 기도를 시작하고 며칠 후, '국제어린이양육기구 한국컴패션' NGO 단체에서 홍보대사 제의를 받았다. 당시만 해도 컴패션은 처음 들어보는 단체였다.

나는 각종 NGO 단체의 홍보대사 제의를 대부분 거절하고 있었다. 홍보대사는 특정 단체에 내 이름을 빌려주어 그 단체의 모금 활동 등에 힘을 실어주는 역할을 하는 사람이다. 그야말로 나의 신용을 빌려줘야 하는 일인 만큼 해당 단체가 투명하고 정직한지 검증이 필요했다. 또한 나부터 솔선수범하여 기부하고 봉사할 단체가 아니라면, 이름만 빌려주는 홍보대사직은 맡고 싶은 생각이 없었다.

그런데 한 번도 들어본 적 없는 '컴패션'이라는 단체는 이상하게 마음이 갔다. 나는 홍보대사직을 수락하기 전, 컴패션이 어떤 일을 하는 곳인지, 얼마나 투명하게 사업을 하는지, 어떤 성과를 이루고 있는지 알아보고자 필리핀으로 비전트립(후원자가 수혜국에 가서 후원받는 아이들의 생활을 직접 확인하는 며칠간의 방문)을 갔다.

'꿈을 잃은 어린이들에게 그리스도의 사랑을'이라는 슬로건을 가진 컴패션은 전 세계 수혜국의 가난한 어린이를 후원자와 일대일로 결연하는 국제어린이양육기구다. 단순히 물질만 지원하지 않고, 기독 교육을 통한 복음 전달에 초점을 맞추는 단체다.

컴패션은 나에게 '가난'의 진짜 의미를 알려주었다. 못 먹고, 못 배우고, 못 사는 건 눈에 보이는 일시적인 가난일 뿐이다. 그러나 나를 변함없이 사랑하시는 나의 창조주를 모르고, 자신이 소중하고 사랑받아 마땅한 존재라는 사실을 모르고 살아가는 게 진짜 가난이다. 그래서 미래에 대한 그 어떤 기대조차 가질 수 없는 것 말이다.

나는 비전트립을 통해 컴패션을 신뢰하게 되었다. 한국에 돌아와서 우리 가정은 첫 방문국인 필리핀을 시작으로 인도네시아, 콜롬비아, 과테말라, 에티오피아 등 도움이 필요한 나라의 아이 오십여 명과 일대일 결연을 하며 컴패션의 후원자가 되었다. 이 아이들이 고등학교를 졸업할 때까지, 재정적 후원자이자, 예수님의 사랑을 전하는 영적 엄마 역할을 맡게 된 거다.

내가 한 건 아무것도 없었다. 그저 나를 지으신 하나님의 목적을 궁금해하고 구했을 뿐인데, 하나님은 순식간에 전 세계 오십여 어린이들의 엄마가 되게 하셨다.

그런데 이것은 축복의 끝이 아니라 시작이었다. 인간의 헤아림을 압도하는 하나님의 넓고 깊은 계획은 더 큰 사랑을 향하고 있었다.

진리의 성령이 오시면

그가 너희를 모든 진리 가운데로 인도하시리니

그가 스스로 말하지 않고 오직 들은 것을 말하며

장래 일을 너희에게 알리시리라

요 16:13

예수님의 은혜가 오다

　같은 해 12월, 하나님께서 예은이를 우리 가정에 보내주셨다.
나는 친구들이 놀랄 정도로 기억력이 나쁘다. 하지만 예은이가 우
리 집에 오게 된 과정은 너무나 생생하다. 혹시 입양을 생각하는
부모가 있다면 이 글이 도움이 되길 바라며, 첫딸을 입양한 과정
과 내가 느낀 하나님의 섭리를 이야기하고자 한다.

　친정엄마가 돌아가신 지 일 년여 지난 2005년, 아들 정민이가
초등학교에 입학하자 늘 품고 있던 입양 생각이 다시 머릿속을 맴
돌았다. 처녀 때부터, 아니 기억나지 않을 정도로 훨씬 오래전부
터 '이다음에 결혼하면 입양도 꼭 해야지'라고 막연히 생각했던 터
였다.
　과연 누가, 언제, 내 마음속 그릇에 이런 생각을 넣어두었을까?
출처를 알 수 없지만, 분명 내 안에 존재하는 아이들을 향한 사
랑. 나는 그것이 하나님이 내 안에 심어놓으신 씨앗이라고 생각한
다. 발아할 때를 기다리고 있는 씨앗.

　오직 주께서 각 사람에게 나눠주신 대로
　하나님이 각 사람을 부르신 그대로 행하라

　고전 7:17

그때부터 간간이 다니던 영아원을 봉사만이 아닌 입양을 마음에 두고 본격적으로 다니기 시작했다. 십 개월 정도 봉사하다 보면 가임기간이 차듯 하나님이 아기를 주실 것 같았다.

그런데 막상 입양을 생각하고 그곳에 가니 마음이 힘들었다. 줄지어 늘어선 작은 플라스틱 침대에 누워있는 많은 아기 중 단한 명만 내 아이가 된다니, 나머지 아이들은 계속 가정과 엄마가 없는 채로 지내야 한다니. 나의 입양이 태어나면서부터 혼자가 된 아이들에게 한 번 더 아픔을 주는 잔인한 일처럼 느껴졌다.

'한 명만 내 아이가 된다면 나머지 아기들은 어떡해? 내가 무슨 권리로 한 명만 데려올 수 있어?'

복잡한 마음을 가눌 길이 없었다. 결국 입양할 마음을 접고, 그냥 봉사만 하기로 했다.

그렇게 귀한 아이들을 안고 보살피며 몇 개월이 흘렀다. 나는 영아원에 가면 내가 있는 시간 동안만이라도 수시로 아기를 엎드려 누였다. 양육자에게 안길 기회가 턱없이 부족한 아이들은 플라스틱 침대에 계속 누워있을 수밖에 없다. 그러니 잠깐이라도 아기 등에 바람도 통하게 하고 뒤통수도 동그랗게 만들어 주고 싶었다.

하루는 생후 육 일 정도 된 한 여자 아기를 엎드려 누이는데 볼이 바닥에 눌리는 모습에서 아기 정민이가 보였다. 아들이 자던 모습과 판박이였다. 예뻐서 가만히 볼을 만지는데도 깨지 않았다. 그런 나를 보고 보육사 선생님이 말했다.

"아유, 걔는 밤새 울고 낮에 자는 아이예요."

그 이야기를 듣는데 갑자기 이런 마음이 들었다.

'밤에 울면 내가 안아줘야 하는데….'

집에 돌아와서도 울다 지쳐 잠들 그 아기의 얼굴이 떠올랐다.

'지금도 울고 있으면 어떡하지, 내가 안아줘야 하는데….'

귀에서 아기의 울음소리가 들리는 듯했다.

영아원에 가면 예쁜 아기가 정말 많다. 아니, 모든 아기가 예쁘다. 하지만 '예쁘다'와 '자꾸 생각난다'는 다른 마음이다. 앉아도 서도, 눈을 감아도 떠도, 그 아기의 동그란 얼굴이 눈앞에 아른거렸다. 해가 떠서 질 때까지 아기가 잘 있는지 궁금했다. 지금도 울고 있지는 않을지, 종일 아기 생각에 일이 손에 잡히지를 않았다.

신생아인 정민이가 아팠을 때, 중환자실에 혼자 두고 나오면서 느꼈던 그 답답함, 초조함과 같은 마음이었다.

'밤에 꼭 안아주면 울지도 않고 잘 잘 텐데….'

이 마음이 하나님이 주신 마음이라는 걸 알기까지는 오래 걸리지 않았다. 하나님이 입양을 포기한 나에게 다시금 마음을 주신 것이 분명했다. 더 이상 지체할 이유가 없었다.

나는 먼저 남편에게 얘기하고, 양가 부모님께도 말했다. 평소에도 얘기해 왔던 터라, 모두 쉽게 동의해 주셨다. 돌이켜 보면 부모님들이 한마디 반대 없이 찬성해 주신 것도 신기하고 감사하다.

특히 아빠는 "축하한다"를 연발하며 기뻐하셨다. 마치 둘째 임신 소식을 들은 것처럼.

엄마도 살아계셨다면 분명 기뻐하셨을 거다. 엄마는 암으로 인한 고통이 심할 때는 "굳이 입양하지 말고, 네 건강 돌보며 정민이 하나만 잘 키우는 게 어때?"라고 하셨다. 하지만 이내 "아니다, 아이를 입양하는 건 좋은 일이지"라며 나를 응원해 주셨다. 시부모님도 입양하는 아기가 차 씨 성을 갖고 호적에 입적되는 중요한 일임에도, 단 하루의 고민도 없이 찬성해 주셨다. 모든 가족이 기다렸다는 듯 기뻐해 준 거다.

어떻게 이런 일이 가능했을까? 나는 이것 또한 하나님께서 미리 준비하셨다고 믿는다. 하나님이 내 마음에 입양의 마음을 심어주시기 훨씬 전에, 그분들께도 동일한 마음을 심어, 미리 준비하신 거라고 생각한다. 이렇듯 하나님은 우리가 그분의 목적하심에 다가갈 때, 이를 위해 태초부터 예비하신 길을 열어주신다.

가족들의 지지 속에 모든 게 순조로웠다. 그런데 오히려 내가 입양 결정을 영아원에 통보하기 전날, 잠을 이루지 못했다.

'정민이가 초등학교에 들어가서 이제야 조금 편해졌는데, 갓난 아기 키우는 그 과정을 또다시 시작해야 하네. 아기 봐주시는 아주머니도 구해야 하고. 잠깐, 아기방은 어디로 하지? 정민이는 동생을 이뻐하겠지? 혹시 아기가 아프면 어쩌지? 내가 모르는 병이

나중에 발견되면 어쩌지?'

별의별 걱정과 염려가 밀려들었다. 생기지도 않은 일을 걱정하며 밤을 꼴딱 새웠다. 동이 트는 것을 보며 나는 걱정의 고리를 끊어냈다. 그리고 기도했다.

'하나님, 머리가 너무 아파요. 저는 모르겠어요. 하나님이 제게 입양의 소망을 품게 하고 아기를 만나게 하셨으니, 저는 하나님만 믿을게요. 다 책임져 주실 줄 믿습니다!'

투정에 가까운 기도였음에도 근심의 구름이 싹 걷혔다. 그제야 잠이 오기 시작했다.

> 능히 너희를 보호하사 거침이 없게 하시고
> 너희로 그 영광 앞에 흠이 없이 기쁨으로 서게 하실 이
> 유 1:24

다음 날 나는 영아원을 재방문했다.

영아원에 수용된 아기들은 시설 이동이 잦아 며칠만 지나도 못 볼 가능성이 컸다. 조마조마한 마음으로 방에 들어갔다. 다행히 그 아기는 똑같은 자리에 똑같은 모습으로 누워있었다. 갑자기 눈시울이 붉어졌다.

'내 딸아, 어디 있다가 이제야 엄마한테 왔어?'

당장이라도 꼭 안고 데려가고 싶은 마음에, 곧장 영아원에 입양

의사를 밝혔다.

　당시는 입양특례법이 제정되기 전이라 그나마 절차가 빨리 진
행되었는데도, 입양 승인을 기다리는 그 며칠이 그렇게 길게 느껴
질 수가 없었다. 그러던 중 대한사회복지회로부터 전화가 왔다.
　"안녕하세요, 확인해 보니 입양하시려는 아기는 해외 입양대상
자네요."
　나는 깜짝 놀라 되물었다.
　"그럼, 국내 입양이 안 되나요?"
　"아니요, 가능합니다."
　안도의 한숨을 쉬었다.
　"다행이네요. 그런데 왜 해외 입양대상자예요?"
　"아기 심장에서 불특정한 소리가 들려서요."
　담당자는 아기의 심장에 미세한 구멍이 뚫려 있어 소리가 들린
다고 했다. 그래서 해외 입양대상자로 분류되었단다.
　우리나라에서는 입양 아동이 조금이라도 아프면 파양되는 경
우가 다반사라고 한다. 아픈 아이는 못 키우겠으니 다시 돌려보
내는 가정이 많은 거다. 그래서 파양을 사전에 방지하기 위해, 아
프거나 어려움이 있는 아이는 해외 입양대상자로 분류한다고 했
다. 해외에서는 오히려 다른 국가의 아픈 아기만 입양하는 양부
모도 있는데, 실로 부끄럽고 안타까운 일이 아닐 수 없다.

입양도 출산처럼 아이가 생기는 하나의 방법일 뿐이므로 어른 중심의 관점으로 아이의 조건을 따지며 고르는 건 잘못된 태도다. 입양은 철저히 아이가 중심이 돼야 한다. 아이가 사랑받으며 자랄 수 있는, 아이에게 제일 적합한 가정을 찾아주는 일이 입양임을 명심해야 한다.

아기의 심장에 문제가 있다는 얘기를 듣는데 가슴이 덜컥했다. 내게 그 아이는 이미 가족이었다. 아이를 낳았는데 아이가 아프다고 "내 아이 안 할게요. 무르겠습니다. 건강한 아이를 다시 낳겠습니다" 하는 부모가 있을까! 똑같았다. 입양을 마음에 품은 순간, 나는 이미 그 아기를 낳은 엄마였다.

내가 물었다.

"아기 심장에서 소리가 들린다는 게 중한 병인가요?"

"그렇지는 않아요. 아이가 좀 커서 수술하면 된대요. 어쩌면 수술 없이 저절로 괜찮아질 수도 있다고 하고요."

'하나님, 감사합니다.'

나는 우리 딸을 데려왔다.

십팔 년이 지난 지금 예은이는 건강하게 잘 자라고 있다. 심장의 미세한 구멍도 없어졌고, 소리도 사라졌다. 수술하지 않고 저절로 완벽하게 나았다.

여호와는 너를 지키시는 이시라

여호와께서 네 오른쪽에서 네 그늘이 되시나니

시 121:5

여기가 네 집이란다

2005년 8월에 《목적이 이끄는 삶》을 읽고, 10월에 컴패션 홍보 대사가 되고, 영아원 봉사를 통해 아기를 만나 12월에 입양하기까지 이 모든 일이 불과 오 개월 안에 미리 준비해 놓은 것처럼 휘몰아치듯 일어났다.

흡사 오케스트라의 지휘자처럼 누군가 모든 상황을 감독하는 것만 같았다. 내가 한 일이라고는 하나님의 뜻과 목적을 구한 것뿐이었다. 모든 건 하나님의 은혜였다.

아기의 이름은 예수님의 은혜, '예은'이라 지었다. 집에 온 첫날, 고개도 못 가누는 예은이는 '여기가 어디지?' 하는 표정으로 동그란 눈을 힘껏 떴다. 원래 아기가 태어나서 한 달이 될 때까지는 시야가 완전히 열리지 않는다는데, 예은이는 주변이 또렷이 보이는 듯했다. 그 모습이 또 짠하게 다가왔다.

신생아가 태어나서 시설에 맡겨지면 많은 경우 대여섯 곳을 옮겨

다닌다고 한다. 예은이도 처음에는 지방의 한 병원에서 태어나 시설로 옮겨졌다. 거기서 서울 대한사회복지회 영아 보호시설로 올 때까지, 근방의 보건소나 병원을 오가는 등 여러 곳을 전전했다.

생후 한 달도 안 된 갓난아기가 엄마 품에서 안정감을 누릴 새도 없이 계속 새로운 환경으로 옮겨 다니다가, 마침내 우리 집에 오게 된 거였다. 이리저리 흔들리는 예은이의 눈동자를 보니 마음 아팠다. 나는 아기를 꼭 안고 이야기했다.

"예은아, 여기가 너의 집이야. 우리 아기가 사랑받으며 안전하고 건강하게 자랄 네 집이란다. 이제 아무 데도 안 가. 엄마 아빠가 너를 보호하고 지켜줄게."

예은이는 기저귀가 흠뻑 젖었는데도 울지를 않았다. 수적으로 턱없이 모자란 보육사 선생님은 아기의 울음에 즉각적으로 일일이 반응해 주지 못한다. 그러다 보니 아기는 울어도 소용이 없다는 걸 본능적으로 알게 되었을 거다.

말 못 하는 아기의 유일한 의사 표현법은 울음이다. 그런데 아무리 울어도 주변 반응이 없고 상황이 호전되지 않으면, 아기는 체념한다. 불편한 상황을 개선하기 위한 감정표시를 스스로 포기하는 거다. 이런 경우 정상적인 애착 관계가 형성되기 어렵다.

하루라도 빨리 입양을 가거나 위탁 가정에 보내져서 일대일의 돌봄과 관심을 받게 되면 다행이지만, 그렇지 못한 아이는 후천적

'경계선 지적 지능'[5]을 보이는 경우도 있다고 한다.

애초에 가정에서 관심과 사랑을 일대일로 받고 자랐으면 아무 문제 없을 텐데, 덜 힘든 삶을 살 수 있을 텐데. 애착 관계의 결여로 고통받는 아이들을 생각하니 속이 상하고 애가 탄다.

예은이가 온 후로 나는 끊임없이 눈 맞추고, 안고, 만져주고, 뽀뽀하고, 이야기해 주고, 아이가 보이는 조그만 행동도 놓치지 않고 반응해 주었다. 그렇게 내가 줄 수 있는 모든 사랑에 하나님의 마음도 얹어주었다. 그러자 예은이는 어느 순간부터 밤에 잠도 잘 잤고, 불안해하던 모습도 보이질 않았다.

병원에 입원할 만큼 심한 입덧도, 우울했던 산후조리도 없이 이렇게 사랑스러운 딸을 품에 안게 되자 입양만큼 좋은 게 또 있을까 싶었다. 무엇보다 예은이가 안정을 느끼게 되어서 행복했고 감사기도가 절로 나왔다.

'하나님, 제게 이렇게 예쁜 딸을 주시다니요! 저는 잘한 게 아무 것도 없는데 우리 예은이를 보내주셔서 정말 감사합니다!'

감사기도를 하는데, 내가 잠든 예은이의 모습을 내려다보며 웃듯, 하나님께서 나를 가만히 내려다보시며 미소 지으시는 듯했다.

---

5 지능지수(IQ)가 70-85 정도로 일반인과 지적장애인 사이의 지능을 가진 상태. 장애 범주에는 포함되지 않지만, 학업과 사회생활을 해내기 어려운 상태로 정신장애 진단 기준에서 '지속적인 관심과 주의를 기울여야 하는 대상'으로 분류된다.

실로 내가 내 영혼으로 고요하고 평온하게 하기를

젖 뗀 아이가 그의 어머니 품에 있음 같게 하였나니

내 영혼이 젖 뗀 아이와 같도다

시 131:2

입양에 관한 생각은 나로부터 시작됐지만, 사실 입양은 온 가
족이 함께하는 일이다. 예은이의 입양을 결정했을 때 초등 일 학
년인 정민이에게 말했다.

"드디어 하나님이 우리 정민이에게 동생을 주신대. 근데 엄마 배
가 아프지 않게 그냥 주신대."

정민이와 예전부터 나누던 이야기라 전혀 어렵지 않았다.

어릴 때부터 이렇게 말해왔다.

"정민아, 언젠가 너에게도 동생이 생길 거야. 하나님이 주실 텐
데 너처럼 엄마 배를 통해서 주실 수도 있고, 아니면 엄마 배가 너
무 아프니까 우리 집에 그냥 데려다주실 수도 있어. 우리 정민이,
동생이 생기면 얼마나 좋을까!"

기다리던 동생이 온다는 말에 정민이는 환한 얼굴로 기뻐했다.

"좋아, 엄마! 정말 좋아."

예은이가 집에 온 날, 학교에서 돌아온 정민이는 신이 나서 뛰어
다녔다. 할아버지가 사 오신 자기가 제일 좋아하는 통닭 다리도

아기에게 주겠다고 내밀었다.

　남편과 나, 정민이의 시선은 오로지 아기에게 고정되었다. 그런데 예은이의 시선은 나에게만 고정되었다. 새로운 가정에 입양된 아이 중 어떤 아이는 가족 중 한 사람을 애착 상대로 정한다는 내용을 읽은 적이 있다. 예은이는 그 상대로 나를 정한 것 같았다. 내게서 잠시도 눈을 떼지 않고, 늘 나를 바라보았다.

　예은이는 잘 웃지 않는 아이였다. 사람들이 "아기가 잘 안 웃네요"라고 할 정도로 웃지 않고 툭하면 울고 찡찡댔다. 남편이 아기가 얼음공주처럼 웃지 않는다면서 "예은이가 커서도 저렇게 울고 잘 안 웃으면 큰일인데"라고 걱정할 정도였다.

　입양 아동은 홀로 지낸 시간의 최소 두 배의 시간을 입양 가정에서 사랑과 관심을 받으며 지내야, 출생 후 홀로된 충격에서 회복될 수 있다고 한다. 예은이의 경우, 생모의 배 속에 있던 기간 십 개월과 세상에 태어나 나를 만나기까지 한 달의 시간을 합하면 거의 십일 개월이다. 그러니 최소 이십이 개월은 지나야 무의식에 잠재된 버려짐, 거절당함, 상실감에서 벗어날 수 있는 것이다. 이 얘기를 해주며 남편을 안심시켰다.

　"걱정하지 마. 두 돌쯤 지나면 언제 그랬냐는 듯이 잘 웃을 거야."

　예은이는 온 가족과 친척의 관심과 사랑을 한 몸에 받았다. 그러자 아이는 점차 웃음을 되찾았다. 지금은 남편이 스스로 그런 말을 했다는 걸 기억도 못 할 만큼 발랄하고 애교 넘치는 아이로 자라났다.

돌아보면 예은이에게 온 신경을 집중하느라 초등 저학년인 정민이를 밤 아홉 시까지 학원에 보냈던 게 참 미안하다. 정민이도 얼마나 어린 나이였는지, 얼마나 엄마가 필요한 시기였는지 그때는 미처 몰랐다. 미안하다고 말할 때마다 괜찮다고 말해주는 아들에게 다시 한번 고맙고 사랑한다는 말을 전하고 싶다.

예수님의 진리도 오다

오빠와 단둘이 외롭게 자라며 언니나 여동생이 있는 친구를 평생 부러워했던 나는 내 딸에게 의지가 되고 힘이 되는 자매를 꼭 만들어 주고 싶었다. 서로에게 가장 큰 선물이 될 자매.

컴패션에서 함께 봉사하는 연예인들과 영아원, 보육원, 재활원, 양로원, 요양원 등 국내 봉사를 주기적으로 다닐 때였다. 하루는 대한사회복지회 의정부 지부에 갔다. 그리고 거기서 한 아이를 보았다. 심장이 두근거렸다. 새카맣고 큰 눈동자에 머리숱이 많은, 몹시 작은 여자 아기. 그 아기는 우유를 마시기만 하면 토하기를 반복했다.

당시는 두 돌쯤 된 예은이에게 손이 많이 갈 때였다. 그래서 아직 동생을 입양할 때는 아니라고 생각하고 집에 돌아왔는데, 이 년 전 예은이를 처음 만났을 때처럼 자꾸 그 아기가 눈앞에 아른 거렸다.

'잘 먹고 있을까? 또 토하진 않았을까?'

예은이를 입양하고 몇 개월 후 다시 복지원에 갔었다. 예은이 옆에 누워있던, 또 다른 예은이가 될 뻔했던 아기들이 보이지를 않았다. 보육사 선생님에게 그 아기들은 어떻게 됐는지를 묻자, 국내 입양은 아예 없고, 해외 입양을 위해 몇몇 아기만 위탁 가정 으로 보내졌으며, 나머지는 모두 시설로 갔다고 했다.

몇십 명의 아기 중 겨우 예은이 한 명만 모국 가정에서 자라게 된 거였다. 마음이 너무 아팠다. 한편으로는 '우리 예은이도 내가 입양하지 않았으면 낯선 어딘가로 갔겠구나' 하며 가슴을 쓸어내 렸었다.

이러저러한 생각에 복잡한 심경으로 한 달을 보내고, 다시 대한 사회복지회 의정부 영아원에 봉사하러 갔다. 아침부터 마음이 떨 렸다.

'그 아기가 아직 있을까?'

그런데 가보니 아기들이 많이 바뀌어 있었다. 내가 예은이를 공개입양한 후, 한시적으로 국내 입양이 늘던 시기였다. 특히 입양은 여아가 더 잘되기에 한 달 만의 방문에 그 아기를 다시 볼 확률은 높지 않았다.

그런데… 있었다! 자리는 바뀌었지만, 얼굴도 이전보다 통통하니 살도 조금 붙은 채 그곳에 남아있었다.

"어머, 살도 붙고 더 예뻐졌네."

너무나 반가워 아기를 꼭 안아주었다. 이내 쿰쿰한 냄새가 났다. 아기가 응가를 한 거였다. 새어 나올 정도여서 물로 씻기고 옷을 갈아입히려는데 보육사 선생님이 말했다.

"아이고~ 애라 엄마가 좋은가 보다. 사흘 만에 응가를 했네."

그 얘기를 듣는데 어찌나 뭉클한지, 내 안에 확신이 들었다.

'네가 내 딸이구나. 네가 예은이 동생이구나. 우리 가족이구나.'

그날 저녁, 남편과 상의하고 곧장 입양 절차를 밟았다. 그런데 이 아기도 해외 입양대상자였다. 잘 먹지 못하고 자주 토하는 게 이유였다. 이렇게 사랑스러운 아기가 고작 그런 이유로 파양될까봐 해외 입양대상으로 분류된다는 걸 이해할 수 없었다.

아기 때는 이럴 수도 있고 저럴 수도 있다. 큰 병이 아닌 이상, 나타나는 증상 대부분은 불안한 환경과 애착 형성 결여로 인한 심리적 요인이 주된 원인이다. 그렇기에 사랑을 쏟아주면 얼마든지 해결될 문제다.

우리 가족은 처음보다 훨씬 더 쉽고 빠르게 입양을 진행했다. 2008년 1월 2일, 그날은 눈이 많이 내리고 바람이 세찼다. 오전 열한 시경, 생후 백일이 채 안 된 아기는 눈보라를 뚫고 복지사의 품에 안긴 채 우리 집에 왔다.

아기를 보고 정민이와 예은이가 무척 좋아했다. 예은이는 나와 함께 젖병을 붙잡고 아기에게 첫 우유를 먹였다. 아기는 젖병을 빠는 내내 우리를 번갈아 가며 빤히 바라보았다. 마치 "드디어 만났네요"라고 말하는 듯했다.

이 년 전, 우리 집에는 예수님의 은혜가 왔고, 이제 그분의 진리를 맞이할 차례였다. 우리는 아기에게 예수님의 진리, '예진'이라는 이름을 지어주었다.

예진이는 예은이와 사뭇 달랐다. 젖이 안 돌아도 아기에게 젖을 물려보라는 소아청소년과 선생님의 이야기를 듣고 시도한 적이 있다. 예은이는 빈 젖을 계속 빨아서 젖이 나오나 오해할 정도였다. 반면 예진이는 오만상을 찌푸리며 입을 꼭 다물었다.

하나부터 열까지 두 아이는 달라도 너무 달랐다. 예진이는 어려서부터 강단이 있고, 호불호도 확실했다. 혼자 두어도 잘 울지 않고, 어떻게 보면 혼자 있는 걸 즐기는 거 같았다. 그렇게 의젓하고 똘망똘망하게 잘 자라준 예진이는 지금(2023년) 열일곱 살이 되었다.

양자 됨의 은혜

성경에도 위탁이나 입양된 인물들이 등장한다.

모세는 입양아였다. 그는 엄마 요게벳에 의해 나일강에 띄워졌다가 이집트 공주에게 발견되어 입양되었다. 결국 그는 이스라엘을 구원하는 민족의 지도자로 쓰임 받는다.

> 그 아기가 자라매 바로의 딸에게로 데려가니
> 그가 그의 아들이 되니라
>
> 출 2:10

에스더도 일찍이 부모를 여의고 그의 사촌 모르드개에게 위탁되었다. 이후 그녀는 바사 제국의 왕비가 되어 이스라엘 민족을 위해 담대히 왕 앞에 나아가 동족을 구한다.

> 에스더는 부모가 없었으나 용모가 곱고 아리따운 처녀라
> 그의 부모가 죽은 후에 모르드개가 자기 딸같이 양육하더라
>
> 에 2:7

기도의 여인 한나는 눈물로 얻은 아들 사무엘을 엘리 제사장에게 위탁했다. 비록 영적으로 둔한 제사장이었지만, 그녀는 하나님

을 신뢰함으로 아들을 맡겼다. 이를 통해 사무엘은 훗날 이스라엘의 영적 대각성을 일으키는 선지자가 되었고, 이스라엘의 첫 인간 왕인 사울과 탁월한 지도자였던 다윗에게 기름 붓는 일을 감당했다.

아이를 젖 떼거든
내가 그를 데리고 가서 여호와 앞에 뵙게 하고
거기에 영원히 있게 하리이다

삼상 1:22

이들은 모두 성경에서 아주 중요한 인물이었다. 이스라엘을 살리는 중차대한 일을 맡은 위대한 인물들이 위탁이나 입양을 통해서 자라난 거다.

그리고 우리 예수님. 하나님께서는 죄 된 인간에게 당신의 아들 예수님을 맡기셨다. 성령으로 잉태되신 예수님은 인간의 손에 자라셨고, 십자가를 통과하며 온 인류를 구원하셨다.

천사가 대답하여 이르되
성령이 네게 임하시고
지극히 높으신 이의 능력이 너를 덮으시리니
이러므로 나실 바 거룩한 이는

하나님의 아들이라 일컬어지리라

눅 1:35

보라 처녀가 잉태하여 아들을 낳을 것이요

그의 이름은 임마누엘이라 하리라 하셨으니

이를 번역한즉 하나님이 우리와 함께 계시다 함이라

요셉이 잠에서 깨어 일어나 주의 사자의 분부대로 행하여

그의 아내를 데려왔으나

마 1:23,24

무엇보다 우리가 입양된 존재임을 잊어서는 안 된다. 고아 같은 우리를 죽음에서 생명으로 건져주시고, 양자로 삼아주신 그 값없는 은혜를.

내가 너희를 고아와 같이 버려두지 아니하고

너희에게로 오리라

요 14:18

그 기쁘신 뜻대로 우리를 예정하사

예수 그리스도로 말미암아 자기의 아들들이 되게 하셨으니

엡 1:5

너희는 다시 무서워하는 종의 영을 받지 아니하고

양자의 영을 받았으므로

우리가 아빠 아버지라고 부르짖느니라

성령이 친히 우리의 영과 더불어

우리가 하나님의 자녀인 것을 증언하시나니

자녀이면 또한 상속자 곧 하나님의 상속자요

그리스도와 함께한 상속자니

롬 8:15-17

입양은 복음이다.

이때의 입양은 우리가 하늘 아버지의 자녀라는 뜻이다.

복음으로서의 입양은

하나님의 아들인 우리의 정체성과 유산과 사명을 말해준다.

– 러셀 무어, 《입양의 마음》 16쪽

일곱 번째 흔적

공개입양

나는 아이들을 워낙 좋아하기에 입양이 어려운 일은 아니었다. 혈연을 각별하게 여기지 않을뿐더러, 순전히 내가 좋아서, 아이들이 북적대는 가정을 꿈꾸며 한 입양이었다.

첫 아이로 아들을 주셨으니, 둘째는 딸이길 원했고, 예전부터 생각한 자매 만들어 주기는 당연한 순서였다. 형식에 얽매이지 않는 나의 성격 덕에, 입양은 내게 자녀를 늘리는 아주 자연스러운 선택지였다. 그런데 막상 입양하고 보니 기대했던 것보다 훨씬 더 행복했다.

당시에는 흔치 않던 공개입양을 선택한 이유는 단순했다. 남편이나 나나 대중에게 알려진 직업인이다 보니, 처음부터 비밀입양은 선택지에 없었다. 하지만 그렇지 않더라도 나는 공개입양을 선택했을 거다. 그것이 아이를 진정으로 위하는 길이라 생각했기 때문이다.

만일 비밀입양을 했다가 훗날 아이가 예기치 않게 그 사실을 알게 되다면, 그때 아이가 받을 충격, 상처, 혼란, 배신감은 어떻게 감당할 것인가? 아이는 이런 생각에 휩싸일 것이다.

'우리 엄마 아빠가 나의 친부모가 아니라니!'

'날 낳아준 부모가 날 버렸다니!'

'나만 모르게 다들 나를 속였다니!'

'나는 쉬쉬해야 하는 사람이구나, 떳떳할 수 없는 존재구나.'

자신에 대해 이렇게 생각하면, 정체성은 얼마나 혼란스러우며, 자존감은 얼마나 떨어질까.

공개입양을 한 또 한 가지 이유는 '아이의 알 권리' 때문이다. 아이가 자신의 정체성에 대해 알고 싶어 하고, 알아야 하는 건 당연한 이치다. 내가 입양아라면 당연히 나의 출생에 대해 제대로 알고 싶을 거다. 내 인생의 중요한 영역을 정작 나만 모른다는 게 말이 되는가.

하나님이 엄마의 태를 통해 아기를 주시듯, 입양 역시 하나님이 아기를 주시는 또 다른 방법일 뿐이다. 그러니 숨길 이유가 전혀 없다.

우리 부부가 입양 사실을 언론에 알리자, 뉴스에서는 마치 큰 선행을 한 것처럼 앞다퉈 보도했다. 당시만 해도 국내에 공개입양하는 가정이 많지 않았기에 더욱 화제가 되었다. 많은 사람이 우리 부부를 칭찬했고, 분에 넘치는 상을 주기도 했다. 그런 반응이 쏟아지리라고는 상상도 못 했기에 당황스러웠다.

남편과 나는 친구나 이웃이 아기를 낳으면 축하하듯, 입양도 칭찬받을 일이 아니라 축하받을 일로 생각했다. 우리에게는 예쁜 아기가 생겼고, 아기에게는 가족이 생겼으니 그저 축하받을 일이라고 말이다.

지켜진 아이

"아이들은 별이다. 그리고 부모는 그 별을 품는 우주다."

오은영 박사님이 〈금쪽같은 내 새끼〉에서 한 말인데, 나도 전적으로 동감한다.

별은 안전한 우주 안에서만 빛을 발할 수 있다. 하지만 태어나자마자 유기된 아이에게는 우주 자체가 없다. 가정에서 자라다가 어떤 이유에서든 시설에 맡겨지는 아이도 하루아침에 우주가 사라져 버리는 경험을 하는 것이다.

예은이와 예진이도 그렇게 아무것도 없고, 아무도 기다리지 않는 세상에 태어났다. 영아원 구석에 놓인 작은 침대만이 자신에게 허락된 유일한 공간이었다. 그곳에 누워서 알 수 없는 미래를 기다려야 했다.

그런데 우리 집에 입양되면서, 다른 아이들보다 조금은 늦었지만, 드디어 깃들 수 있는 우주가 생긴 것이다. 엄마와 아빠가 생겼고, 오빠, 친척, 친구, 사랑하고 사랑받는 관계들, 집과 동네, 곧 세상이 창조된 것이다.

입양기관에서는 아이가 말귀를 알아들을 때 입양 사실을 알려주라고 권했다. 하지만 난 생각이 달랐다.

'그때까지 기다릴 것 없어. 우리 집에 온 바로 이 순간부터 얘기해 줄 거야. 아이의 귀에, 생각에, 마음에 입양이란 단어가 자연스럽고, 아름답고, 축복된 일로 자리 잡게 해줄 거야.'

나는 딸들을 안은 순간부터 줄곧 귀에 대고 기도했다.

"하나님, 저는 잘한 게 아무것도 없는데 이렇게 축복된 입양을 하게 해주셔서 정말 감사해요."

입양이 음지의 일이나 쉬쉬해야 하는 일이 아니고, 아이에게는 가족을 만들어 주는 일이며, 가족에게는 서로 사랑할 가족이 늘어나는 하나님의 축복임을 알려주고 싶었다. 그래서 '입양'이라는 단어 앞에 온갖 좋은 형용사를 붙이며 기도했다. 입양에 대한 좋은 이미지를 각인시켜 주고 싶었다.

그리고 한 가지 기도를 덧붙였다.

"딸들을 낳아준 엄마도 축복합니다. 본인이 키울 수 없는 상황임에도 포기하지 않고 끝까지 지켜주어서 감사합니다. 훗날 아이를 만나는 그날까지 좋은 모습으로 건강할 수 있게 지켜주세요."

아이들이 자라는 동안, 이 기도를 계속 해주었다. 그러자 딸들은 조금 커서부터 "우리 입양됐어요!"라고 스스럼없이 말하고 다녔다. 또 주변에 아이가 없는 가정을 보면 "왜 입양 안 하세요?"라고 물었다. 지금도 입양에 대해 아무렇지 않게 얘기하는 딸들의 모습을 보며 하나님께 깊은 감사를 드린다.

심지어 딸들은 얼마 전까지 나에게 졸라댔다.

"엄마, 도대체 남동생 언제 입양할 거야?"

생모를 위해 기도한 덕분일까. 딸들은 자신을 낳아준 엄마에 대해서도 '고마운 분', '존경하는 분'으로 여긴다. 자라면서 생모의 어려웠을 상황을 구체적으로 그려보며 자신을 지켜준 생모에게 더욱 감사하는 것 같다.

상담을 공부할 때, 교수님이 이런 질문을 한 적이 있다.

"내 자녀가 어느 날 혼전임신을 해서 미혼모(부)가 된다면 당신은 엄마로서 뭐라고 얘기하겠는가?"

기독교 학교다 보니, 하나님의 뜻을 말해주며 아이를 낳도록 권하겠다는 대답도 있었고, 그럼에도 자녀의 인생이니 본인이 정하도록 해야 한다는 의견도 나왔다.

나도 할 말을 떠올려 보았다.

"예은이, 예진이가 태어날 수 있었던 건 낳아준 엄마가 끝까지 너희를 지켰기 때문이야. 너희를 키울 수 없는 어려운 상황에서 세상 빛을 보지 못하게 할 수도 있었는데, 굉장히 중요한 결정을 해준 거야. 덕분에 엄마 목숨보다 소중한 너희가 이 세상에 건강히 태어났고, 우리가 가족이 될 수 있었어. 엄마는 그게 정말 정말 고마워."

어떤 순간에도 생명은 소중하고, 하나님이 주시는 귀한 선물임을, '너희도 그렇게 소중하게 지켜진 존재'임을 말해주고 싶다.

우리 아이들은 '버려진 아이'가 아니다.

한 여인이 모든 어려움을 감수하며 끝까지 아이를 지켜냈다. 그리고 비록 자신이 주진 못했지만, 아이가 우주를 만날 수 있게 해주었다. 그렇기에 당당하게 말할 수 있다.

우리 아이들은 '지켜진 아이'다.

주께서 내 내장을 지으시며 나의 모태에서 나를 만드셨나이다
내가 주께 감사하옴은 나를 지으심이 심히 기묘하심이라

시 139:13,14

압도하시는 하나님

무엇을 상상하든, 그걸 압도하시는 하나님의 깊고 넓은 계획이

있다. 앞서 말한 것처럼 두 딸을 공개입양하자, 우리 부부는 한국 사회로부터 분에 넘치는 칭찬을 받았다. 또한 입양이 한시적으로 활성화되어 예년에 비해 많은 아이가 국내입양 되고 있다는 감사한 소식도 들려왔다. 여러 기관에서 우리 부부에게 봉사상, 선행상 같은 각종 상을 주었다. 솔직히 받을 자격도 이유도 없어 거절하고 싶었지만, 격려의 뜻으로 알고 감사히 받았다. 우리 부부가 수상했지만, 예은이와 예진이 덕에 받는 상이었다.

그중 하나가 '아산 사회 봉사상'이었다. 2008년, 아산재단은 한국 사회에 입양 문화를 개선한 공로로 우리에게 아산 사회 봉사상 특별상을 수여했다. 다른 봉사상들과 달리 상금도 있었다. 그것도 무려 오천만 원이나 되었다. 이 돈은 당연히 우리의 것이 아니었다.

그런데 그즈음 충격적인 인도 발 국제 뉴스가 전 세계에 보도되었다. 2008년 8월 25일, 인도 오릿사 지역 대다수를 차지하는 힌두교도들이 극소수에 불과한 같은 지역 기독교인을 탄압하고 공격했다는 뉴스였다.

기독교인 수백 명이 살해당했고, 가구 수천 채가 파괴되었으며, 오릿사 지역의 삼백구십오 개 교회가 전소되는 참극이 벌어졌다. 너무나 잔인하고 처참한 폭력에 전 세계는 참담한 충격에 휩싸였다. 나도 당시 뉴스를 통해, 살해당한 사람들, 성폭행당한 여성들, 하루아침에 고아가 된 아이들 그리고 불에 타 무너진 교회의 사진을 보며 가슴이 무너져 내렸다.

불타 버린 교회 중 하나는 국제 컴패션에서 오릿사 지역 아이들을 돕는 거점으로 삼는 곳이었다. 국제 컴패션과 한국컴패션은 피해를 입은 기독교인을 구호하기 위해 즉시 대대적인 모금을 시작했다.

사람들을 구호함과 동시에 컴패션에서 해야 할 일이 또 있었다. 바로 불타 버린 교회를 재건하는 일이었다. 교회를 지어야 사람들이 모일 수 있고, 그래야 예배를 드리고, 더 효과적으로 도움을 줄 수 있기 때문이었다. 그래서 국제 컴패션이 교회 재건 비용을 모금했는데, 목표 모금액에서 미화 약 사만 달러, 한화로 약 오천만 원 가량이 모자란다고 했다. 이 소식을 듣고 우리는 아산 봉사상 상금 오천만 원을 기부했다.

언뜻 들으면 한낱 미담이지만, 곰곰이 생각해 보면 기적이 아닐 수 없다.

태어나자마자 혼자가 되어 영아원에 누워있던 갓난아이, 아직 기저귀도 못 뗀 아무 힘없는 아기를 통해 수천 킬로미터 떨어진 곳에서 불타 버린 교회가 재건되고, 그 지역 아이들의 살길이 열린 거다. 힘없는 아기도 하나님의 목적대로 쓰임을 받는 순간, 얼마나 놀라운 일이 일어나는지 똑똑히 볼 수 있었다.

나는 상상도 못 했지만, 하나님은 훨씬 전부터 알고 계셨으리라. 아니, 이 일은 하나님이 실행하신 그분의 계획이었으리라.

너희 안에서 착한 일을 시작하신 이가

그리스도 예수의 날까지 이루실 줄을 우리는 확신하노라

빌 1:6

여호와께서 사람의 걸음을 정하시고

그의 길을 기뻐하시나니

시 37:23

가슴으로 낳은 아이

예은이를 입양한 후 나는 '입양'을 금기어 또는 부정적인 단어로 인식하는 사람이 많다는 걸 알았다. 종종 마주치는 분들은 나에게 '입양'이라는 말을 꺼내면 실례라고 생각하는지 "아휴, 어떻게 그런 일을 하고, 대단하세요"라고 했다.

그런 말을 들을 때마다 나는 일부러 강조해서 말했다.

"아, 입양이요? 네, 딸이 생겨서 너무 좋아요."

그 짧은 대화에서 당황하는 사람은 늘 내가 아니라 상대였다.

방송에서는 우리 두 딸을 '가슴으로 낳은 아이'라고 표현하며 '입양'이란 단어를 더 많이 썼다. 배로 낳든 가슴으로 낳든, 입양도 똑같이 가족이 되는 한 방법이라는 걸 알리고 싶었고, 사람들에게 입양이라는 단어가 편안히 느껴지길 바라는 마음에서였다. 그러다가 의도치 않게 웃픈 상황도 벌어졌다.

예은이가 다섯 살, 예진이가 세 살 때였다. 자신들의 입양 사실을 자랑스럽게 말하고 다니던 어느 날, 예은이가 입양에 대해 설명하는 걸 듣게 되었다.

"우리 엄마는 배가 작아서 우리를 가슴으로 낳았어요. 나는 이쪽 가슴, 예진이는 저쪽 가슴에서 나왔어요."

가슴으로 낳았다는 말을 다섯 살 예은이 버전으로 해석한 결과였다.

그날 밤 나는 딸들에게 차근차근 설명해 주었다.

"예은이, 예진이는 여기 가슴에서 나온 게 아니라, 엄마 마음에서 나왔어. 엄마가 배 아파서 낳을 수도 있었는데, 너무 아프니까 하나님께서 '배 안 아프게 다른 방법으로 예쁜 아기를 줄게' 하시면서 너희를 보내주신 거야. 그러니까 가슴으로 낳았다는 건 엄마가 마음으로 열심히 기도했다는 뜻이야."

"아~ 그래?"

예은이는 이제야 알았다는 듯 '헤헤~' 하고 웃었다.

"예은이랑 예진이는 배 아파서 낳아준 엄마도 있고, 너희를 사랑으로 돌보고 늘 함께하는 진짜 엄마도 있는 거야."

며칠 후 예은이가 사람들에게 이렇게 말했다.

"우리는 엄마가 둘이에요. 낳아준 엄마도 있어요. 아빠만 우리 아빠고요."

나는 화들짝 놀랐다. 낳아준 엄마가 따로 있고, 아빠는 우리 아빠라니! 저번보다 심각했다. 나는 다시 설명해 주었다.

"예은아, 그게 아니고 예은이를 낳아준 엄마가 있듯이 낳아준 아빠도 따로 있어."

"엥?"

예은이는 알 수 없다는 표정을 잠시 지은 후, 곧 이제야 알겠다는 표정을 지었다. 그리고는 물었다.

"예진이는?"

"응, 예진이를 낳아준 엄마, 아빠도 따로 있어. 너희는 낳아준 엄마, 아빠가 또 있는 거야. 하지만 진짜 엄마, 아빠는 우리야."

나는 최대한 쉽게 얘기해 주었다. '진짜 엄마'란 아이와 함께하며 아이를 위해 온 사랑과 관심과 정성을 쏟고, 목숨도 버릴 수 있는 사람이라는 걸 아이들이 이해하길 바라면서.

나도 엄마가 낳았으면 좋겠다

입양 관련 서적에 '애도기'(哀悼期)에 관한 내용이 나온다. 애도기는 입양 아동이 부모와 자신이 혈연관계가 아닌 것을 알게 된 후, 정체성의 혼란이나 마음의 갈등을 겪는 시기를 말한다.

우리 가정은 처음부터 공개입양을 했고, 딸들이 어릴 때부터 생모를 위해 함께 기도하며 자랐기에 애도기를 건강하게 보냈다.

　반면에 아이가 다 커서 입양 사실을 알게 되거나, 이와 관련해 부모와 충분히 대화하지 못한 경우, 성장 후에 겪는 애도기는 훨씬 더 혼란스럽고 힘들다. 아이가 어릴 때부터 '맞아, 난 입양아야'라고 스스로 인식하고, 자기를 향한 부모의 흔들림 없는 사랑을 경험하면 큰 문제 없이 적응할 수 있다. 애도기를 잘 지난 아이는 청소년이 되어서도, 여느 아이들처럼 사춘기로 인한 방황은 있어도 자신이 입양이라는 이유로 더 힘들어하지는 않는다.

　예은이와 예진이도 애도기를 거쳤다.

　하루는 예은이가 유치원에 다녀오더니 내게 물었다.

"엄마, ○○이도 입양된 거야?"

"아니, 걔는 엄마가 낳았어."

"그럼 □□이는?"

"□□이도."

"주은이는?"

"주은이는 예은이처럼 입양됐지."

주은이는 우리 가정을 보고 공개입양을 한 후배의 아이였다.

"아, 그러면 오빠는?"

"응, 오빠는 엄마가 낳았어."

예은이는 질문을 멈추고 잠시 무언가 생각하는 듯했다. 그러더니 가만히 말했다.

"나도 엄마가 낳았으면 좋겠다."

어린 예은이는 그때 '친구들은 다 엄마가 낳았구나. 그게 일반적인 거구나. 오빠도 그렇구나'라고 처음으로 인지한 것이다.

순간 마음이 아려왔다. 눈물이 날 것 같았다. 하지만 나는 부러 아무렇지 않게 아이 눈높이에 맞추어 말해주었다.

"그러네. 우리 딸, 엄마가 낳았어도 좋았겠네. 그런데 봐봐. 친구들은 거의 다 엄마가 낳았잖아. 그건 평범한 일이고, 우리 예은이랑 예진이는 하나님께서 특별한 방법으로 가족이 되게 해주신 거야. 진짜 귀한 일인 거야."

"그럼, 오빠는?"

"응, 오빠는 그냥 평범하게 태어난 거지. 우리 예은이, 예진이만 특별하네, 그렇지?"

아들에게는 미안했지만, 딸들 눈높이에 맞춰 과장되게 말할 수밖에 없었다.

예은이는 한결 편안한 표정이 되었다. 어린 예은이가 원하는 건, 할 수 없는 일을 해달라는 게 아니었다. 과거로 돌아가 내가 자신을 배로 낳아주기를 바라는 게 아니라, 그저 자기도 엄마에게 특별한 존재고 소중한 자녀라는 걸 확인하고픈 거였다.

입양아는 자신의 출생과 친생부모 등에 대해 당연히 궁금한 게 많다. 자라면서 그 궁금증은 더 커질 것이다. 만약 그 물음표를 가족과 함께 풀어나가지 못하고 혼자서만 끙끙 앓는다면, 얼마나 큰 상처가 될까. 나는 딸들이 자라면서 생기는 많은 궁금증을 엄마인 나와 솔직하게 얘기하며 풀어나가게 해주고 싶다. 혼자 아파하지 않길 바란다.

이런 일도 있었다. 예은이의 생일날 아침이었다. 나는 아이를 힘껏 안으며 밝은 목소리로 축하해 주었다.

"예은아, 생일 축하해! 태어나 줘서 너무너무 고마워, 사랑해."

아이에게 뽀뽀 세례를 퍼부으며 축복하는데 예은이가 조용히 말했다.

"혼자 울고 있으면 어떡해?"

나는 설마 하는 마음으로 물었다.

"응? 누가?"

"딴 엄마, 혼자 케이크에 촛불 켜놓고 울고 있는 건 아닐까?"

예은이는 자기를 낳아준 엄마가 혼자 슬퍼할까, 걱정하는 거였다. 마음이 아프면서도 놀라웠다. 이렇게 조그만 아이가 그런 생각을 하다니….

나는 예은이를 안고 말했다.

"우리 착한 예은이가 혼자 있을 엄마 생각이 났구나. 그래, 예은아, 낳아준 엄마도 분명히 예은이를 생각하고 기도할 거야. 하지만 울지는 않을 거야. 예쁜 예은이 생일을 축하하고 있을 거야."

어느덧 여섯 살이 된 예은이는 자기를 낳아준 엄마가 느낄지 모를 공허함과 외로움까지 공감하기 시작했다. 일면 고맙기도 했다. 내가 상처받을까, 혹은 싫어할까 눈치 보며 혼자 속으로 삼키지 않고 말해주어서. 아이가 느끼는 감정을 솔직하게 말해주어서 다행이었다. 그날 나는 예은이와 생모에 대해 더 많은 이야기를 나누며 아이를 안심시켜 주었다.

어렸을 때부터 예은이는 생모에 관한 이야기를 종종 꺼냈다.

하루는 예은이가 감기에 걸려 열이 나고 아팠다. 남편이 아이를 안아 침대로 옮겨주는데 예은이가 이렇게 말했단다.

"아빠, 꿈을 꿨어."

"무슨 꿈을 꿨는데?"

"엄마랑 있었어."

"그럼, 엄마랑 있잖아."

"아니, 이 엄마 말고…."

"낳아준 엄마?"

"응. 낳아준 엄마가 머리를 노란색, 분홍색으로 염색하고 손톱을 다 발랐어."

예은이가 한창 공주 인형을 좋아할 때여서 생모를 그런 이미지로 상상한 것 같았다.

남편이 예은이에게 물었다.

"낳아준 엄마 보고 싶어? 만나고 싶어?"

"나중에."

"왜 나중에?"

"내가 갔다가 집으로 돌아오는 길을 잃어버리면 어떡해."

"엄마 아빠가 같이 가면 되지."

"아니야, 엄마 아빠도 길을 잃어버리면 어떡해."

아이는 나중에 가겠다고 했고, 남편은 그런 아이를 다독여 주었단다.

그렇게 자라나 사춘기도 지난 큰딸 예은이는 언젠가부터 이렇게 말한다.

"엄마, 나 낳아준 엄마, 안 만날래."

생모가 어떻게 생겼는지 궁금해하던 아이가 갑자기 그런 말을 하니 내심 걱정이 되었다. 자신을 지켜주었다고 생각하던 생모에 대해 다른 마음이 생긴 걸까?

"왜?"

"아니, 낳아줘서 고맙다는 말 외에는 할 말이 없어. 또 호칭은 어떻게 해? 뭐라고 불러? 너무 어색하고 불편할 거 같아. 그리고 그 분이 나를 만나기 어려운 상황일 수도 있잖아. 안 볼래."

당당하고 구김살 없는 예은이의 말에, 그리고 무엇보다 상대의 입장도 고려할 줄 아는 아이로 자란 딸의 모습에 코끝이 찡했다. 하나님, 감사합니다!

"그래, 그럴 수도 있겠다. 그래도 엄마는 너무 궁금하다. 어떻게 생겼을지, 성격은 어떨지, 우리 예은이랑 어떤 면이 닮았을지. 언제라도 생각이 바뀌면 다시 말해줘."

한날한시에 태어난 쌍둥이도 기질과 성격이 완전히 다른 경우를 종종 본다. 하물며 부모가 다른 딸들은 어릴 때부터 지금까지 달라도 너무 다르다.

예진이는 예은이만큼 애도기가 도드라지진 않았다. 초등학교 입학할 즈음, 둘째 딸은 처음으로 생모에 대해 얘기를 꺼냈다.

"초등학교 들어가면 낳아준 엄마한테 뛰어가서 '엄마~' 하고 불러야지!"

나를 약 올리는 듯한 아이의 표정에 나도 같이 장난을 치며 받아줬다.

"흥, 그런데 낳아준 엄마가 이상하면 어떡해? 무서우면 어떡해?"

그러자 예진이가 의외의 대답을 했다.

"상관없어. 낯설지만 않으면 돼."

놀라웠다. 갓 초등학교에 입학하는 아이가 어떻게 저런 말을 하나 싶었다.

예진이는 훗날 자신을 낳아준 엄마를 만났을 때 낯설고 생소할까, 내심 마음을 쓰고 있던 거다. 겉으로 표현만 안 했을 뿐.

예진이의 말을 듣고 시설의 아이들이 떠올랐다. 이렇게 어린아이도 낯섦을 아는데, 위탁 가정에서 보육 시설 혹은 입양 가정으로 가거나, 시설에서 또 다른 시설로 옮길 때 아이의 마음이 얼마나 두렵고 무서울까. 우리 예진이는 표현했지만, 그 아이들은 자신의 마음을 표현할 대상조차 없다는 사실이 더욱 가슴 아프다.

며칠 후의 일이다.

밤이 되어, 나는 아이들을 재우기 위해 큰 요 한 가운데 누웠다. 그러면 한쪽에는 예은이, 다른 쪽에는 예진이가 따라 누웠다.

우리의 밤 루틴은 이랬다. 누운 상태로 먼저 그림책 몇 권을 읽은 후 불을 껐다. 그리고는 기도하고, 잠들 때까지 이런저런 이야기를 나눴다.

그날은 혹시나 하는 마음에 딸들에게 물었다.

"우리 딸들, 엄마가 엄청나게 사랑해. 우리 공주들이 없었다면 엄마는 어쩔 뻔했어? 엄마는 이렇게 이쁜 울 예은이, 예진이를 엄마에게 보내주신 하나님이랑 낳아준 엄마들에게 너무 감사해. 울 딸들은 어때? 혹시라도 낳아준 엄마에게 섭섭할 때도 있어?"

예은이가 먼저 대답했다.

"아니, 안 섭섭해."

나는 고개를 돌려 예진이를 보았다.

"난 섭섭해."

예진이의 눈에 아쉬움이 묻어있었다. 난 어린 예진이의 마음에 공감해 주었다.

"그래, 엄마는 예은이, 예진이가 엄마 딸이 된 게 마냥 좋아서 그런 생각을 못 했는데, 예진이는 섭섭한 마음이 있었구나. 그럼, 섭섭할 수 있어. 그래도 엄마한테 온 건 좋지?"

"응, 너무 좋아. 하지만 가끔 섭섭한 생각이 났어."

예은이와 예진이는 이렇게 애도기를 통과했다. 아이들은 저마다의 고유한 기질에 따라 각기 다른 애도기를 겪는다. 하지만 어떤 애도기를 겪든 부모가 옆에 있어주고 아이와 솔직하게 대화하며 마음을 충분히 나눈다면, 아이는 건강하게 그 시기를 지날 수 있다.

애도기를 순조롭게 지난 우리 딸들은 그 후 자신이 입양되었다는 사실로 인해 아쉬워하거나 슬퍼한 적이 단 한 번도 없다.

입양을 준비하는 이들에게

언제부턴가 내 주위에는 입양을 통해 새로운 친구가 생겨나기 시작했다. 마트에서 우연히 만난 정샘물이 그 대표적인 인물이다.

어느 날 예은이를 데리고 마트에 갔는데, 한 여성이 아기를 안은 채, 나를 보고 반갑게 인사를 했다.

"안녕하세요? 저는 메이크업 아티스트 정샘물이라고 해요."

"아, 안녕하세요?"

"제가 입양을 했거든요."

정샘물 씨가 입양했다니, 반가운 친척을 만난 기분이었다.

"어머, 아기가 너무 예쁘네요."

그녀는 입양 선배인 나를 만나고 싶어서 기도해 왔다고 했다. 마침 입양에 관해 조언이 필요한 시점이었는데, 마트에서 나를 우연히 만나자 하나님의 응답이라 생각했단다.

이후 나는 샘물이와 언니, 동생으로 친하게 지내고 있다.

샘물이는 다른 입양 가족들과도 모임을 만들었고, 나도 그 모임에 함께한다. 우리 모임은 오랜 친구끼리 모인 것도 아니고 자주 만나지도 못하지만 만날 때마다 서로 속 깊은 이야기를 나눈다. 설명하기는 어렵지만 분명 입양 가족만의 특별한 친밀감이 있는 것 같다. 그리고 그 친밀감을 서로의 아이들에게 더 깊게 느낀다. 만약 내가 입양을 또 했다면 그 아이가 내 아이가 됐을지도 모르니까. 서로의 아이가 자라는 모습에 기뻐하고 감사하는 우리는 분명 친척 그 이상이다. 그리고 우리 아이들처럼 입양되지 못한 수많은 아이를 위해 '무엇을 할까?' 함께 고민하는 든든한 동역자다.

서로 돌아보아 사랑과 선행을 격려하며

히 10:24

미국에 있을 때는 입양아 출신인 스티브 모리슨 장로님이 설립한 '엠펙'[6]이라는 단체를 통해 입양 가족 모임을 이어갔다. 우리는 주기적으로 모여 파티도 하고, 캠프를 가기도 했다. 엠펙에는 교포뿐만 아니라 한국 아동을 입양한 외국인도 많았다. 그렇게 해서라도 아이의 모국에 대해 알려주려 하는 외국 부모들의 마음이 고마웠다.

입양은 흔한 일이 아니다. 그렇기에 나는 아이에게, 자신과 같은 상황에 있는 입양 친구를 많이 만들어 주고 싶었다. 거의 모든 입양 부모가 같은 마음이리라. 부모 또한 다른 입양 가족과의 만남이 중요하다. 입양 가족만의 특별한 이야기를 나누고 공감할 수 있는 사람은 입양을 직접 해본 입양 가족뿐이기 때문이다.

나는 종종 입양을 염두에 두고 있거나 실제로 입양한 부모들로부터 몇 가지 공통적인 질문을 받는다. 이 자리를 통해 그에 대한 내 생각을 나눠보려 한다.

---

6 MPAK-Mission to Promote Adoption in Korea, 사단법인 한국입양홍보회

Q. 공개입양을 했지만, 막상 아이에게 입양에 대해 어떻게 설명해야 할지 모르겠다.

A. 미국에 있을 때, 홀트아동복지회 홍보대사 박요한 목사님의 강의를 들은 적이 있다.

본인도 입양아인데, 믿음이 좋은 부모님에게 입양되어 그야말로 기도와 사랑으로 자랐다고 한다. 그런데 사춘기 시절, 부모가 아닌 제삼자를 통해 입양 사실을 알게 되고는 몹시 방황했고, 낳아준 부모를 저주하고 욕하며 자살까지도 생각했단다.

그 얘기를 들으며 굉장히 안타까웠다.

'좋은 가정에 입양된 지켜진 아이였는데, 입양 얘기를 어렸을 때부터 들었다면 저런 힘든 시절을 보내지 않아도 됐을 텐데…. 우리 딸들도 내가 입양 얘기를 쉬쉬했다면 저런 일이 벌어졌을 수도 있었겠구나.'

박 목사님이 눈물을 글썽이며 말했다.

"지금은 소천하신, 길러주신 어머니께 늘 죄송한 마음이 남아있어요. 제가 방황할 때 어머니는 끊임없이 새벽기도를 하셨어요. 눈물의 기도로 절 키워주신 어머니가 제 진짜 어머니입니다."

진짜 어머니가 돌아가시고 한참 후, 그는 낳아준 어머니를 만났다. 그리고 자신이 전혀 준비하지 않은 말을 했다고 한다.

"엄마, 난 괜찮아요. 다 용서했어요."

간증을 들으며 공개입양의 중요성을 다시금 느꼈다. 아이에게 어릴 때부터 '너는 지켜진 아이야'라는 사실을 알려주는 게 얼마나 중요한지를.

많은 입양 부모가 아이에게 입양에 대해 말하기 어려워한다. 그래서 입양 가정이 내게 상담을 청하면, 나는 무조건 아이가 집에 오는 날부터 입양 사실을 알려주라고 권한다.

아이는 살면서 수많은 부류의 사람을 만나게 될 것이다. 누군가는 나쁜 의도로 "너 입양됐다며?"라고 말할 수도 있다. 그때 평소 가정에서 입양에 대해 편하게 얘기하며 입양의 올바른 정의를 배우고 자란 아이들은 "응, 나 입양됐어. 왜?"라고 떳떳하게 되물을 수 있을 것이다. 일종의 훈련인 셈이다.

반대로 부모가 입양 사실을 슬퍼하며 쉬쉬한다면, 아이 역시 입양은 슬픈 것, 숨겨야 하는 음지의 것으로 인식하게 될 거다. 이처럼 부모의 감정과 상태는 아이에게 고스란히 전달된다. 그러니 부모부터 생각을 전환해야 한다.

아이는 내가 낳았든, 입양했든 '하나님이 맡겨주신 자녀'라는 점에서 똑같은 축복이자 상급이다. 핏줄이 아니라고 해서 슬퍼할 일이 전혀 아니다. 우리 가정에 천하보다 귀한 아이가 왔고, 아이에게는 엄마 아빠와 가족이라는 울타리가 생겼다는 게 얼마나 복된 일인가! 이 사실을 부모가 먼저 받아들이고, 아이가 늘 기억할 수 있도록 어릴 때부터 알려주어야 한다.

Q. 아이가 친구들에게 입양에 대해 어떻게 설명해야 하나? 사회에서 부딪힐 편견에는 어떻게 대처해야 하나?

A. 육아란 아이가 사회의 한 구성원으로서 제 몫을 하며 살아가게끔 '독립'과 '자립'을 준비시키는 과정이다. 입양아도 마찬가지다. 어떤 상황에서든 당당하기 위해 아이 스스로 입양의 본질을 바로 알고, 편견을 가진 이들에게 설명할 수 있어야 한다.

그러려면 아이가 어릴 때부터 부모와 마음을 터놓고 대화하는 게 중요하다. 부모가 아니면 아이가 느끼는 아픔이나 궁금증을 누구와 나눌 수 있겠는가. 부모의 역할은 아이와 소통하며 마음을 헤아려 주고, 훗날 맞닥뜨릴 편견의 벽을 뚫고 나갈 힘을 길러주는 거다.

세진이와 그의 엄마 양정숙 씨의 예를 들어보겠다.

'로봇 다리 세진이'로 알려진 김세진 군은 입양아다. 세진이는 자신의 입양과 장애를 건강하게 드러내는 멋진 청년이다. 그의 당당함은 전적으로 엄마의 훈련으로 길러졌다.

세진이 엄마는 보육원에서 봉사하던 중, 선천적 장애로 양다리와 손가락이 없는 세진이를 만나 입양했다. 엄마가 세진이에게 제일 먼저 가르친 건 '넘어지는 법'이었다. 의족으로 힘겹게 한 발 한 발 걷는 아이를 엄마는 일부러 넘어뜨리고, 다시 일어나면 또 넘어뜨리기를 반복했다고 한다.

"일어나! 밖에서 너는 넘어질 수도 있고, 누가 널 밀 수도 있어. 그때마다 엄마가 옆에 있지는 않아. 그러니까 너 혼자 일어나야 해."

그녀는 세진이가 홀로 맞닥뜨릴 세상의 냉대와 나쁜 말에 상처받지 않도록 처절하게 맷집을 길러주었다.

"너는 장애인이야. 너에게 '병신', '바보'라고 놀리는 사람도 있을 거야. 그보다 더한 욕을 들을 수도 있어. 그럴 때는 어떻게 답해야하지? '응'이라고 말하면 돼"(양정숙 씨의 인터뷰 중).

엄마의 혹독한 훈련으로 세진이는 자존감 높은 청년으로 자라났다. 그는 장애인 국가대표 수영선수가 되어 2006년 독일 베를린에서 열린 장애인 수영대회에 출전했고, 크고 작은 국내외 대회에서 백오십여 개의 메달을 땄다. 이겨낼 힘을 길러준 엄마의 애씀과 세진이의 노력이 합쳐진 결과였다.

Q. 입양, 어렵지 않은가?

A. 사실 입양은 전혀 어렵지 않다. 육아가 어렵다. 내 배로 낳았든, 위탁이나 입양을 했든, 아이를 바르게 양육하는 게 제일 어렵다. 물론 아이 연령에 따라 더 힘든 시기가 있고, 키우기 힘든 기질을 가진 아이도 있다. 하지만 그건 내 배로 나은 자식도 마찬가지다. 그러므로 친생부모든 입양 부모든, 부모라면 자녀가 성인이 될 때까지 끊임없이 공부하고 노력해야 한다.

미국 존스 홉킨스 의과대학 소아청소년정신의학과 조교수이며 소아정신과 의사인 지나영 교수는 자신의 책 인세 일부를 야나에 기

부하고 있는 야나 후원자다. 그녀는 책과 강연에서 자신의 어린
시절 이야기를 자주 언급한다.

지나영 교수는 어릴 때부터 ADHD를 앓았고, 언니는 갑상선 저하
증으로 늘 아팠다. 그래서 언니는 제대로 공부하지 못했고, 그녀
는 뭔가를 잃어버리거나 다치는 일이 많았다. 그런데 종일 일하고
늦게 들어오신 어머니가 딸들에게 늘 이렇게 얘기해 주셨단다.

"아이고, 우리 새끼 아팠겠네."

"얼마나 힘들었니? 괜찮아?"

더 놀라운 건, 단 한 번도 "너 왜 이거 안 했어?", "또 잃어버렸니?",
"또 넘어졌구나", "너는 왜 이걸 못 하니?"와 같은 말을 하지 않으
셨단다. 당신도 고단하셨을 텐데, 부모로서 자녀의 마음을 헤아
리고 정서적 교감을 하려고 노력하신 거다. 이는 부모가 갖추어야
할 중요한 성품이다.

입양은 가족이 되는 또 다른 방법일 뿐이다. 앞서 말한 세진이가
가정에 아이가 생기는 방법은 '자연 분만, 제왕 절개, 입양' 이렇게
세 가지라고 말한 적이 있다. 그 이야기를 듣고 웃었지만 생각할
수록 맞는 말이다. 입양은 그야말로 자녀를 맞이하는 일이다.

가끔 부모님의 반대 때문에 입양하기 어렵다는 부부를 본다. 나
도 그렇게 생각했다. 입양은 나 혼자의 의지로 되는 일이 아니라
가족 전체의 동의를 얻어야 하는 가족사라고. 하지만 세진이의 말
처럼 입양은 자녀를 맞는 한 방법이기에 자녀의 유무 문제를 부모

님과 의논하는 가정이 아닌 이상, 부부의 의견이 일치되는 게 가장 중요하다고 생각한다. 나머지 가족에게는 임신으로 아이가 생긴 것과 똑같이 기쁘게 알리고 축하받을 일이다.

Q. 내가 낳은 아이와 입양한 아이를 정말 차별 없이 사랑할 수 있나?

A. 간혹 이런 질문을 하는 사람이 있다.

"낳은 아들이랑 입양한 딸들이랑, 그래도 다르지요?"

"아니요, 똑같아요."

"정말 똑같아요? 그래도 조금은 다를 거 아니에요?"

그럼 나는 이렇게 답한다.

"네, 사실 조금은 달라요. 전 여아선호가 강한 사람이라 어떨 때는 딸들이 더 이뻐요."

여자아이를 예뻐하는 내게 하나님은 사랑스러운 딸을 둘이나 주셨다. 그것뿐이다. 사실 입양 경험이 없는 사람은, 내 배 아파 낳은 아이와 입양한 아이가 똑같이 사랑스럽다는 걸 이해하기 어려울 수 있다. 이런 사람은 아이를 '내가 낳았나, 안 낳았나'의 관점으로 나눈다. 하지만 나와 입양 부모들은 다르다. '내가 길렀나, 안 길렀나'로 구분한다.

특히 아이를 낳기도 하고, 입양도 한 나로서는 그 사랑의 크기가 똑같음을 경험했기에 더더욱 확신할 수 있다. 그러니 사람들의 이런 질문은 내게 "제왕 절개한 아이가 더 이뻐요? 자연 분만한 아이가 더 이뻐요?"처럼 들린다. 세진이가 명확한 예를 들어준 거다.

단, 나처럼 신생아가 아닌 연장아를 입양한 사람은 다르게 느낄 수 있다.

Q. 신생아 입양과 연장아 입양, 뭐가 다른가?

A. 보통 생후 한두 돌이 지나 입양되는 경우를 연장아 입양이라고 한다. 하지만 나는 육 개월 정도의 아이부터 연장아라고 생각한다. 아기는 육 개월만 돼도 이미 낯을 가리기 때문이다.

신생아 입양에 비해 연장아 입양은 입양 부모나 입양 아동 모두 힘든 과정을 겪는다. 생각해 보자. 어느 날 갑자기 두세 살의 낯선 아이가 우리 집에서 같이 살게 된다면 어떤 기분일까?

그나마 부모는 낫다. 아이는 어떨까? 입양이 된다는 건 아이의 모든 환경이 바뀜을 의미한다. 태어나서 지금까지 살던 곳이 자신의 의지와 상관없이 달라지는 상황. 이유도 모르고 주 양육자가 갑자기 바뀌는 상황. 처음 보는 사람들에게 자신의 모든 것, 심지어 생명까지도 맡겨야 하는 상황.

최소한의 권리조차 갖지 못한 아이의 입장을 우리는 생각해 봐야 한다. 아이가 느끼는 공포와 두려움을 우리는 알아야 한다. 말도 제대로 하지 못하는 아이는 그 심정을 대변해 줄 누군가가 필요하다. 아이가 유기되는 즉시 신생아 입양이 이루어진다면, 연장아 입양으로 생기는 여러 가지 문제를 미리 방지할 수 있을 것이다.

우리 딸들

입양 아동이 애도기를 무사히 지나 새 가정에 적응했다고 해서 모든 상황이 종료되는 건 아니다.

미취학일 때는 부모가 보호막이 되어주기 때문에 큰 문제가 없지만, 초등학교에 진학하는 순간, 아이의 세상은 사뭇 확장된다. 친구와 그들의 부모, 학교와 학원 선생님, 책, TV, 인터넷 매체 등 아이에게 직간접적으로 영향을 미치는 대상이 한꺼번에 쏟아져 들어와 아이의 사회를 이룬다. 안 그러면 좋겠지만, 아이는 커갈수록 더 많은 편견과 고정관념에 노출된다. 이때 본인의 자존감을 지킬 수 있도록 정체성을 확립해 나가는 과정을 부단히 거쳐야 한다.

딸들이 학교에 진학하면서 우리에게도 여러 상황이 벌어졌다. 나는 이런 문제를 해결할 방법을 미리 준비했다. 뭘 많이 알아서 대비한 게 아니라, 사회적 편견에 홀로 맞설 딸들을 위해 엄마로서 뭐라도 해야 했던 것뿐이다.

나와 딸들이 겪었던 몇몇 사례를 소개하려 한다. 물론 내가 택한 방법이 정답은 아니다. 집마다 상황과 사정이 다르기에 대응하는 법도 다를 수 있다. 그러니 감안하고 읽어주길 바란다.

예은이가 초등학교에 막 진학했을 무렵이었다. 노랑 병아리 같은 새내기들이 오글오글 모여 있는 모습을 보며, 나는 아직 때 묻지 않은 아이들에게 입양에 대해 먼저 알려줘야겠다고 생각했다. 그 이면에는 딸이 학교에서 편견으로 인한 어려움이 없길 바라는 마음이 크게 자리 잡고 있었다.

예은이의 학교는 기독 사립학교였는데, 가끔 학부모를 초대해 수업하게 하는 순서가 있었다. 나는 학교 측에 '가족의 다양성'을 주제로 아이들에게 수업을 해주고 싶다고 부탁했고, 흔쾌히 승낙받았다.

수업 당일, 예은이가 있는 일 학년 교실에 들어가 아이들에게 밝게 인사했다.

"얘들아, 안녕? 난 너희랑 같이 공부하는 예은이의 엄마야. 오늘 아줌마가 너희에게 다양한 가족에 대해 알려주려고 해. 세상에는 이런 가족도 있고 저런 가족도 있어. 그리고, 가족이 되는 방법도 다양하단다. 아줌마도 아주 특별한 가족을 이루며 살고 있어. 아줌마는 배 아파 낳은 아이도 있고, 가슴으로 기도하다가 입양한 아이들도 있어. 그리고 컴패션이라는 단체를 통해 얻은 오십이 명의 아이들이 또 있단다."

내 말에 아이들 눈이 휘둥그레졌다.

"컴패션을 통해 후원하는 아이들까지 다 아줌마의 아이인 이유는, 아줌마가 그 아이들을 위해 마음을 다해 기도해 주기 때문이야. 관심을 주고, 아껴주고, 기도해 주는 게 진짜 부모고, 그런 관계가 진짜 가족이란다."

이어서 예은이를 입양한 사실을 설명했다.

"예은이는 낳아준 엄마가 따로 있지만, 아줌마가 진짜 엄마고 가족이야."

이 말에 아이들은 예은이와 나를 번갈아 보며 아리송한 표정을 지었다. 예은이는 새침한 표정으로 가만히 앉아있었다. 소극적인 예은이가 불편할 수도 있겠다는 생각에 마음이 아팠다.

'예은이는 자신에게 시선이 집중되는 걸 싫어하는 아인데 힘들어하면 어쩌지?'

하지만 반드시 거쳐야 할 과정이었다. 사람은 무언가를 숨기면 더 알고 싶어 하고 이러쿵저러쿵 추측하는 반면, 미리 밝히면 흥미를 잃고 더 이상 궁금해하지 않는다.

물론 그렇지 않은 학부모가 대다수겠지만, 누군가는 자녀에게 이렇게 말할 수도 있다.

"학교에 예은이라는 애 있지? 걔네 엄마가 연예인인데 진짜 엄마가 아니야."

이런 말을 들은 아이는 편견에 찬 부모의 말투와 표정을 고스란히 흡수해 예은이를 대할 거고, 예은이는 상처를 입을 것이다. 그렇기에 아이들이 편견 없는 백지상태일 때, 입양에 대해 올바르게 알려줄 필요성을 느꼈다.

수업을 마치고 몇몇 친한 학부모에게 물어보았다.

"제가 오늘 학부모 수업 때 아이들에게 입양에 관해 얘기해 주었는데요, 혹시 아이가 그 얘기를 하던가요?"

초등학교 일 학년이면 학교에서 있었던 일을 엄마한테 재잘재잘 늘어놓을 나이였다. 엄마들이 전해준 얘기는 놀라웠다. 한 아이는 집에 돌아와 이렇게 말했단다.

"엄마, 예은이 엄마가 예은이 안 낳았대. 예은이는 엄마가 둘이래! 나도 입양됐으면 좋겠다."

또 다른 아이는 "엄마, 예은이는 언니, 오빠가 많아서 좋겠어. 오십 명이나 있대"라며 부러워했다고 한다.

그날 밤, 잠자리에서 예은이에게 물었다.

"예은아, 오늘 어땠어?"

"부끄러웠어."

수줍음을 많이 타는 예은이는 자신의 엄마가 친구들 앞에서 선생님처럼 이야기하는 게 부끄러웠단다.

"그랬구나. 엄마가 아이들에게 입양에 대해 가르쳐준 건 어땠어?"

"좋았어."

"친구들은 뭐래?"

"엄마가 두 명이어서 좋겠대. 그리고 어떤 애가 부럽대."

이렇게 예은이의 친구들은 입양을 '가족이 되는 또 다른 방법'으로 편견 없이 받아들였다.

물론 그렇지 못한 반응이 있었을 수도 있다. 하지만 친구들이 예은이의 입양 사실을 뒤늦게 알고 "쟤, 입양됐대"라고 수군거리는 일은 없었다.

청소년이 된 두 딸은 아직도 종종, 남다른 반응을 보이는 친구들이 있다고 이야기한다.

"엄마, 나는 정말 아무렇지도 않은데 내가 입양 얘기를 하면 어떤 친구나 선생님은 당황해서 어쩔 줄을 모른다. 왜 그럴까?"

"예은아, 예진아, 너희는 입양돼서 좋아?"

"응, 너무 좋지!"

"엄마도 너무 좋아. 그런데 그걸 모르는 사람들이 참 많아. 직접 겪어보지를 못해서 그래. 그러니까 이 좋은 걸 우리끼리만 알고 있지 말고 열심히 알리자. 하나님께서 너희한테는 엄마를, 엄마한테는 이쁜 너희를 주신 이유가 그게 아닐까? 우리가 함께 알려서 더 많은 아이가 우리처럼 행복할 수 있게 되라고 말이야."

딸들은 비장한 눈으로 고개를 끄덕인다. 꼬물거리던 아이들이 어느새 내 키만큼 자라서 든든한 동역자가 되었다.

2019년 5월 11일, 보건복지부 주최 제14회 입양의 날 행사가 세종대 컨벤션 홀에서 열렸다. 이 자리에서 입양유공자 이십오 명에게 정부포상과 복지부 장관 표창을 수여했는데, 나는 국민훈장

동백장을 받았다. 우리나라 국내 입양 증진에 기여한 바가 크고, 그 공로를 인정하기 때문이라고 했다.

　내가 좋아서 한 입양인데 훈장까지 받는 것이 내키지 않았지만, 입양에 대한 인식 변화에 조금이라도 도움이 되길 바라며 감사히 받았다.

　다음은 내가 발표한 수상 소감 일부다.

　우리 딸들이 자라는 모습을 보면서 저는 두 가지 생각을 합니다.

　첫째는, '우리 예은이, 예진이를 내가 입양하지 않았다면 어디서 어떻게 자라고 있었을까? 비슷하게 생긴 완전히 다른 아이로 자라고 있었겠지. 그리고 나는 이 사랑스러운 존재 자체도 모르고 살았겠구나.' 그 생각을 하면 오싹해집니다.

　그리고 두 번째는, '우리 딸들 옆에 누워있던 아기들, 그 아이들은 왜 예은이, 예진이가 되지 못했을까?' 제가 큰딸을 입양하고 한 달 뒤쯤 나머지 아이들은 어떻게 되었는지 복지원에 여쭤봤는데 국내 입양이 된 아이는 우리 딸 외에 한 명도 없다고 들었습니다. 그 아이들도 우리 딸처럼 이만큼 자랐을 텐데 어디서 어떻게 지내고 있을지를 생각하면 마음이 너무 아파요. 그리고 미안해집니다.

　사실 입양 때문에 상을 받는 건 말이 안 되지요. 입양은 상 받을 일이 아니라 축하받을 일입니다. 하지만 또 다른 예은이, 예진이가 될 수 있는 수많은 아이가 마땅히 누려야 할 권리를 누리고, 마땅히 받아야 할 사랑을 받을 수 있도록 함께하자는 격려의 의미로 감사히 잘 받겠습니다.

마지막으로 특별한 분께 감사의 말씀을 드리고 싶어요. 우리 예은이, 예진이를 끝까지 지켜서 그 귀한 생명이 세상의 빛을 볼 수 있게 해주신, 우리 딸들을 낳아준 엄마들에게 이 자리를 빌려 말씀드리고 싶습니다.

우리 아이들을 지켜주어서 너무나 고맙습니다.

너는 입을 열어 공의로 재판하여

곤고한 자와 궁핍한 자를 신원할지니라

잠 31:9

여덟 번째 흔적

유학의 꿈

　내가 숙명여고를 다니던 시절, 우리나라에 '유학 붐'이 일었다. 특히 강남 학군이다 보니 친한 친구들이 하나둘 미국으로 떠나갔다. 유학하던 친구들은 방학 때면 어김없이 돌아왔다. 유창하게 영어를 구사하며, 전혀 알 수 없는 세상을 이야기하는 그들이 무척이나 부러웠다. 우리 집은 나를 유학 보내줄 형편이 아니라는 것을 잘 알았기에 상상으로만 유학 생활을 그려보던 시절이었다.

　그 후 연기자가 되어 일하는 동안에도 유학의 꿈은 사그라지지 않았다.

　'나도 유학 가고 싶다. 일할 부담 없이 쉬면서 공부도 하고, 영어도 잘하게 되면 얼마나 좋을까!'

　1969년에 태어난 나는 결혼해서 아이 셋의 엄마가 된 2014년까지 사십오 년 동안 서울의 한 귀퉁이, 비슷한 지역에서 살아왔다. 나이 들어 삶이 여유로워지니, 어릴 때부터 품은 유학의 로망이 되살아났다. 어쩌면 '유학'이라는 이름의 '쉼'과 '회복'이 필요했는지도 모른다.

하지만 늦은 나이에 수십 년 동안 일궈놓은 직업과 환경과 관계를 떠나, 전혀 다른 곳에서 다시 시작한다는 건 결코 쉬운 일이 아니었다. 더구나 언어가 안 통하는 외국에서 공부하며 아이 셋의 엄마로 지낸다는 건 거의 불가능에 가까웠다.

'아이들을 공부시키고 나는 누리고 싶던 다른 세상을 즐기며 쉬는 안식년을 가지면 어떨까' 하는 생각에 살짝 길을 알아도 봤지만 여의치 않아서 그만두었다.

막연한 동경만 있을 뿐, 실천할 용기나 강력한 동기가 없었기 때문에 유학의 꿈에 다가가지 못하고 멀리서 바라보기만 했다.

그러다 2013년에 딸들을 데리고 미국에 여행을 갔다. 관광을 다니던 어느 날, 컴패션 후원자로 만난 한 지인이 가정 사역에 특화된 한 학교의 이야기를 해주었다.

"애라 씨랑 잘 맞을 것 같아요."

'HIS University'라는 특이한 이름의 학교. 지금은 연방정부 승인이 허가됐지만, 당시는 캘리포니아주 정부의 허가를 받은, 한국인이 설립한 작은 상담학교였다.

"아유, 저는 유학 못 가요. 영어 실력이 달려서 수업을 알아들을 수 없거든요."

내가 웃으며 말했다. 그런데 그분의 답이 의외였다.

"이 대학은 영어가 안 되는 재미교포들을 위한, 모국어 상담사를 양성하는 곳이에요. 영어가 안 되니 어려운 문제가 생겨도 찾아갈 곳이 없거든요. 그들을 위한 상담사 교육이어서 모국어 수업이 더 많아요."

미국에서 한국어로 상담 공부를 할 수 있다니! 학교에 대한 궁금증이 생긴 나는 히즈 대학을 방문했다. 대학이지만 건물이 한 동밖에 없는 작은 학교였다.

방학 기간이라 학교는 조용했다. 입학 상담 전화를 받은 교수님과 인사하고 양은순 총장님과 이야기를 나누었다. 총장님은 미국에 오래 살아서 그런지 나를 잘 모르시는 것 같았다. 영화는 한 편밖에 찍질 않았는데 자꾸 나를 "영화배우 신애라 씨"라고 부르셨다.

학교에 대한 설명을 듣고, 가정 사역과 상담에 관한 여러 얘기를 듣는데, 문득 '나, 여기서 공부해야 하나?'라는 생각이 들었다.

'이 기회에 기독교 상담학을 체계적으로 배워서 앞으로 만날 사람들에게 조금이나마 도움을 줄 수 있다면, 속내를 터놓을 곳이 없어 혼자 괴로워하는 연예계 후배의 이야기를 들어줄 선배가 될 수 있다면, 그것이 하나님께서 내게 바라시는 또 다른 역할이 아닐까?'

사실 그전까지는 유학을 떠올릴 때, 공부에 대한 열망보다 외국 생활을 해보고 싶은 로망이 더 컸다. 하지만 총장님과의 대화

이후, '그곳에서 상담학 공부를 해보고 싶다'라는 강력한 동기가 생겼다.

　모든 일에는 동기와 과정 그리고 결과가 있다. 언뜻 보기에는 동기와 과정이 절반이고, 결과가 나머지 절반처럼 보이지만, 실상 결과는 동기와 과정이 만들어 낸 다른 이름일 뿐이다. 결국 일이란 동기와 과정이 전부이기에 '시작이 절반이다'라는 말은 더할 나위 없이 정확한 표현이다. 없던 동기가 생겼으니, 나한테는 이미 유학이 절반은 진행된 거였다.

　한국에 돌아와 남편에게 미국에서 있었던 일을 자세히 나누었다. 나는 남편에게도 배우고 싶은 학문을 찾아 함께 다녀오자고 제안했다. 하지만 남편은 홀로 계시는 어머니도 돌봐야 하고, 일도 해야 했기에 한국과 미국을 오가며 생활하기로 했다.

　그렇게 2014년, 마흔 중반의 나이에 미국 유학을 결심했다.

비자가 나올까?

　남편은 유학에 대한 나의 로망을 익히 알고 있었기에 반대하지는 않으나, 학생 비자가 나오기 쉽지 않을 거라며 고개를 갸웃했다. 히즈 대학이 워낙 작은데다 한국어로 수업한다고 하면 더욱 어려울 것이고, 엄마가 공부하러 간다는 핑계로 자녀를 동반해서 무료로 미국 공교육을 시키려는 걸로 보일 수 있기 때문이라고 했다. 실제로 당시엔 엄마가 본인 유학을 핑계로 자녀를 교육하러 미국에 가는 일이 많았고, 미 대사관에서도 이를 적극적으로 가려내 비자 발급을 거절한다는 뉴스가 종종 보도되었다.

그러나 나는 아랑곳하지 않고 유학을 준비하기 시작했다. 비자 취득을 도와주는 법무법인이나 유학원에서는 더 안전하게(?) 학생 비자를 취득할 방법, 예를 들면 먼저 엄마가 가고 나중에 아이들의 동반 비자를 신청하는 것 등을 대안으로 제시했다. 하지만 나는 거절했다.

비자를 받을 자신이 있거나 뭘 알아서가 아니었다. 세상에서 봤을 땐 무모할지라도 믿는 구석은 단 하나, 멀리서 바라보기만 하던 내게 다가설 용기를 심어주신 하나님이셨다.

나는 남편에게 당당히 말했다.

"자기야, 하나님이 허락하시면 비자가 나올 거고, 안 나오면 가지 말란 뜻일 거야!"

단순했다. 하나님이 가라시면 열릴 것이고, 닫으시면 안 가면 그만이었다.

마침내 비자 심사 인터뷰가 있는 날, 서류를 챙겨 대사관에 갔다. 필리핀 여자 부영사가 나를 인터뷰했는데, 준비한 수많은 서류는 제대로 보지도 않고 내게 질문했다.

"유학 가면 공부할 돈이 있나?"

나는 "Yes"라고 말한 뒤 남편은 한국에서 일하고 나만 미국에 가려 한다고 덧붙였다. 그러자 우려했던 질문이 날아왔다.

"당신 혼자 가는가?"

나는 솔직하게 답했다.

"아니, 아이들 셋을 데리고 간다."

순간 '비자를 못 받을 수도 있겠구나' 싶었다. 그런데 몇 초 뒤 그녀가 경쾌하게 외쳤다.

"오케이~ 굿 럭!"

그걸로 끝이었다. 유학 비자가 바로 나왔다.

대사관에서 나와 남편에게 전화를 걸었다. 남편은 받자마자 대뜸 말했다.

"괜찮아."

"뭐가 괜찮아?"

"떨어진 거 아냐?"

"아니, 비자 나왔는데?"

"와! 당신 믿음을 내가 인정할게!"

남편이 들뜬 목소리로 감탄을 연발했다. 그는 당연히 떨어질 거로 생각했단다. 주변에 물어보니 하나같이 "비자 절대 안 나올 거예요", "세 아이를 동반하는 건 불가능해요. 누구도 떨어졌고, 누구도 떨어졌어요"라는 말만 돌아왔고, 변호사마저 애 셋 딸린 주부가 학생 비자를 받기는 어렵다고 했다는 거다.

기적적으로 비자가 나온 것도 기뻤지만, 더 큰 기쁨은 남편의 말이었다.

"와! 당신 믿음을 내가 인정할게!"

무식하면 용감하다고 했던가. 나는 무식하게 하나님께 맡기고 전진했다. 그랬더니 세상 판단으로는 불가능할 것 같은 일이 아주 쉽게 해결되었다.

이 일을 통해 삶의 사소한 부분까지 하나님 손안에 있다는 걸 항상 잊지 않길 기도했다. 그리고 선장이신 하나님께 인생의 방향키를 '온전히' 내어드리자, 다짐했다.

아침에 나로 하여금
주의 인자한 말씀을 듣게 하소서
내가 주를 의뢰함이니이다
내가 다닐 길을 알게 하소서
내가 내 영혼을 주께 드림이니이다

시 143:8

이런 일을 경험할 때마다 나의 믿음은 조금 더 자란다. 일이 되고 안 되고가 중요한 게 아니라, 어떤 결과가 나오든 하나님이 허락하신 일이면 그게 가장 선한 길이라는 걸 더 확실히 알게 되기 때문이다.

사실 나를 향한 하나님의 신실하신 사랑을 믿는다면, 우리는 아무것도 걱정할 필요가 없다. 심지어 내가 계획하지 않았거나 원치 않는 문제가 생긴다고 해도 내가 잘못을 회개해야 하는 경우만 아니라면, 그 일이 생긴 데는 분명한 이유가 있는 것이다.

여호와의 말씀이니라
너희를 향한 나의 생각을 내가 아나니
평안이요 재앙이 아니니라
너희에게 미래와 희망을 주는 것이니라

렘 29:11

난 원래 '어떡하지?'를 입에 달고 살던 사람이다. 매사에 안달복달하며 꼬리에 꼬리를 물고 걱정하곤 했다. 그런데 하나님을 만나고 놀랍도록 대범해졌다. 그 이유는 간단하다. 하나님의 신실하신 사랑을 믿는 믿음 때문이다. 그래서 이제는 문제가 닥치면 이렇게 생각한다.

'나를 가장 사랑하시고, 나보다 나를 더 잘 아시는 하나님이 이런 일을 허락하신 데는 분명 이유가 있을 거야.'

물론 힘들 때도 있다. 말씀대로 살고 싶어서 세상 방법이 아닌 하나님의 방법을 택할 때 스스로가 바보가 되는 것 같기도 하고,

사람들이 나를 무시하는 것처럼 느껴지기도 한다. 하지만 하나님이 무얼 원하시는지 알기에 타협하지는 않는다. 그러면 여지없이 평안해진다. 그럴 때 세상은 나를 보며 의아할 것이다.

'어떻게 저 사람은 저런 상황에 웃을 수 있지? 어떻게 마음을 지키지? 어떻게 저렇게 편안하지?'

세상이 결코 이해할 수 없는 평안, 세상은 줄 수도 빼앗을 수도 없는 평안을 나는 하나님 안에서 누린다. 그게 바로 '진짜 축복'이리라.

평안을 너희에게 끼치노니
곧 나의 평안을 너희에게 주노라
내가 너희에게 주는 것은
세상이 주는 것과 같지 아니하니라

요 14:27

여호와는 나의 빛이요 나의 구원이시니
내가 누구를 두려워하리요
여호와는 내 생명의 능력이시니
내가 누구를 무서워하리요

시 27:1

비자가 나오고 유학이 확정되자, 주변에서 걱정하는 얘기가 들려왔다.

"아니, 무슨 부귀영화를 누리겠다고 그 나이에 유학을 가? 그냥 여행이나 다녀."

"유학 가면 운전해 주는 매니저도 없고, 살림 도와주는 아주머니도 없는데 어쩌려고, 혼자 다 할 수 있겠어?"

"아무리 한국말로 한다고 해도 그 나이에 공부하는 게 쉽지 않을 텐데."

막상 그런 말을 들으니 무식해 보일 만큼 단순한 내 결정이 맞는지, 걱정이 몰려오기 시작했다. 하지만 그때마다 하나님은 내 입에서 찬송이 나오게 하셨다.

나 주저함 없이 그 땅을 밟음도
나를 붙드시는 하나님의 은혜
나를 지으신 이가 하나님,
나를 부르신 이가 하나님,
나를 보내신 이도 하나님
나의 나 된 것은 다 하나님 은혜라
– 〈하나님의 은혜〉, KOMCA 승인필

하나님이 우리에게 주신 것은

두려워하는 마음이 아니요

오직 능력과 사랑과 절제하는 마음이니

딤후 1:7

유학길에 오르다

2014년 7월, 내 나이 마흔여섯 살에 열일곱 살 정민이와 열 살 예은이, 여덟 살 예진이를 데리고 미국 로스앤젤레스로 향했다. 집은 세를 놓았고, 남편은 시어머니와 함께 살기로 했다. 향후 오년 반 동안 남편은 태평양을 스물여섯 차례 왕복하며 평균 두 달씩 한국과 미국을 오가며 지냈다.

미국에서의 첫해는 초긴장의 연속이었다. 특히 첫 사 개월은 남편이 드라마 촬영 중이라 올 수 없었기에 기억이 잘 안 날 정도로 정신없이 지나갔다. 집에는 아이들과 나뿐이었다. 주에 한 번씩 남미 아주머니가 와서 집 청소는 도왔지만, 혼자 살림과 공부를 병행하려니 시간이 모자랐다.

나의 하루는 이랬다. 아침 여섯 시에 일어나면 십 학년(고교 일학년)이던 아들을 차로 십오 분 정도 떨어진 학교에 데려다줬다.

초등학교 삼 학년, 일 학년이던 딸들은 더 자도 됐지만, 집에 자기네끼리는 잠시도 못 있겠다고 했다. 그리고 돌봐줄 어른 없이 아이만 두는 것이 법에도 어긋났기에, 자는 두 딸을 깨워 함께 데리고 갔다. 아들을 학교에 내려주고 집에 돌아와, 딸들 아침밥을 챙겨준 후 도보로 십 분 거리인 학교에 데려다주었다. 그러고는 차를 몰아 집에서 약 사십 분 거리에 있던 히즈 대학에 갔다. 시간을 잘 조정해서 오후 두 시까지 수업을 몰아 듣고, 딸들 하고 시간에 맞춰 학교 앞에서 기다렸다가 차에 태운 후, 다시 아들 학교로 가서 마저 데리고 돌아왔다.

누군가 그때로 다시 돌아가겠냐 물으면 대번에 "아니요"라고 할 만큼 혼자 어떻게 감당했나 싶지만, 그때는 나름 복작대고 부대끼며 재미도 있었다.

외국에 유학이나 이민을 간 사람들이 겪는 과정을 나도 빠짐없이 겪었다. 어린아이가 걸음마부터 배우듯, 쓰레기는 어떻게 처리하는지, 가스와 수도 요금은 어떻게 내는지, 인터넷이 끊기면 어디에 전화해야 하는지, 자동차 운전면허는 어떻게 취득하고 갱신하는지, 은행 계좌는 어떻게 열고 관리하는지, 가구와 식료품, 살림 도구는 어디서 구하는지 등 모든 걸 처음부터 다시 배워야 했다.

미국에서 잘 살려면 영어, 컴퓨터, 운전, 이 세 가지가 기본이라는데, 나는 그중 두 가지, 영어와 컴퓨터를 할 줄 몰라 난감하고 두려운 순간이 한두 번이 아니었다. 하지만 희한하게 실제로 곤란하거나 어려운 상황에 부딪힌 적은 단 한 번도 없었다.

아이가 아픈데 병원을 몰라 애를 태울 때, 길이 막혀 아이 픽업 시간이 늦어질 때, 길을 몰라 헤맬 때, 배고플 때, 심지어는 집 화장실에서 쥐가 나왔을 때도, 어김없이 누군가가 천사처럼 나타나 도움의 손길을 건넸다.

저택에 사는 성공한 사업가부터 수리공이나 택시 기사까지, 정말 많은 사람이 친절과 도움을 베풀어 주었다. 미국에서의 오 년 반 동안, 삶의 굽이굽이마다 하나님은 인정 많은 하나님의 사람을 준비해 주셨다. 그들과의 만남을 통해 '나도 누군가에게 그런 존재가 되어야겠다'라는 생각을 더 깊이 했다.

사람은 분명 믿고 의지할 대상은 아니다. 하지만 섬기고 돕고 긍휼히 여길 대상임은 틀림없다. 우리는 더불어 살아가야 한다. 목숨, 마음, 뜻, 힘을 다해 하나님을 사랑하는 것만큼, 하나님이 우리에게 원하시고 명령하신 일이 바로 '이웃 사랑'이기 때문이다.

네 마음을 다하며 목숨을 다하며
힘을 다하며 뜻을 다하여
주 너의 하나님을 사랑하고
또한 네 이웃을 네 자신같이 사랑하라

눅 10:27

히즈에 보내신 이유

낯선 타지에서 나는 하나님의 뜻과 섭리를, 그리고 매 순간 하나님의 동행하심을 경험했다.

물론 모든 삶이 그렇듯, 안 좋은 일, 슬프고 화나는 일도 있었다. 하지만 그건 지나가는 순간일 뿐, 배움과 깨달음이 남는 의미 있는 시간이었다.

중고교 시절, 공부와 가깝지 않던 내가 공부하고픈 열정이 생기다니. 특히 전혀 생각해 본 적 없는 상담과 심리학을 공부하다니.

이는 결코 내가 계획한 게 아니다. 그저 알 수 없는 상황의 이끌림에 따라갔을 뿐이다. 그런데 공부하면 할수록, 유학이 하나님의 큰 그림이었다는 게 깨달아졌다.

'지금은 나에게 꼭 필요한 시간이구나.'

살면서 이토록 나를 돌아보고, 나에 대해 제대로 알게 되는 시간은 없었다.

'난 문제가 많은 사람이구나. 하나님이 나를 바라보실 때 얼마나 안타깝고 속상하셨을까! 내가 사랑하는 사람들도 나로 인해 힘들었겠다.'

공부하는 시간은 회개와 기도의 시간이었다. 깨지고 모난 나의 내면을 어루만지고 회복시켜 주시는 주님의 손길이 느껴졌다. 사랑하는 사람들과 앞으로 만나게 될 상처 난 마음을 보듬는 자로 빚으시려, 주님은 나를 먼저 치유하고 어루만져 주셨다. 그걸 위해 미국 서부 캘리포니아의 작은 학교로 부르신 거였다.

삶을 돌아보니, 내가 계획한 일은 잘못되거나 안 좋게 끝난 경우가 많았다. 내 뜻대로 됐으면 진짜 큰일 날 뻔한 일도 있었다. 반면에, 주님께 기도하며 그분의 인도하심을 따라간 일은 결국엔 나를 굳게 세우고 성장시켰다. 백 가지 의문이 들더라도 그저 순종하며 따라갈 때, 그 길에서 하나님을 깊이 만날 수 있었다.

그러므로 형제들아
더욱 힘써 너희 부르심과 택하심을 굳게 하라
너희가 이것을 행한즉
언제든지 실족하지 아니하리라

벧후 1:10

훗날 재미있는 여담을 들었다.

내가 히즈 대학에 첫 방문을 하기도 전의 일이다. 이전부터 총장님과 교수님들은 학교가 더 알려져 많은 학생이 이 유익한 공부를 하길 원했다고 한다. 홍보 방법을 생각하던 중, 한 분이 이런 말을 했단다.

"한국에 '신애라'라는 크리스천 배우가 있는데, 그런 배우가 오면 학교가 알려지는 데 도움이 될 텐데요."

그 말을 들은 사람들은 이렇게 생각했다고 한다.

'한국에 사는 여배우가 왜 느닷없이 배우 일을 접고, 미국에 와서 상담을 배우겠어?'

그런데 시간이 흐른 어느 날, 그 '배우 신애라'가 제 발로 히즈 대학 문을 열고 들어와서 다들 깜짝 놀랐다고 한다. 이처럼 내가 히즈 대학에서 공부하게 된 건, 그 누구의 계획에도 없던 일이었다. 이십오 년이 넘는 연예 활동을 중단하고, 미국의 알지도 못하던 학교에서 기독교 상담학을 공부하게 된 것, 그건 당연히 하나님의 계획이었다.

사람이 마음으로

자기의 길을 계획할지라도

그의 걸음을 인도하시는 이는

여호와시니라

잠 16:9

장기 위탁[7] 1

새로운 실수를 하고, 그때마다 새로운 것을 배우며 그렇게 정신없이 미국에서 생활한 지 일 년쯤 지났을 때였다.

어느 날 지인을 통해 캘리포니아 지역에서 발생하는 위탁(foster care) 아동 중 한인 교포의 아이들이 늘고 있다는 얘기를 들었다. 부모가 이혼하면서 양육을 포기하거나, 죄를 지어 감옥에 가거나, 아동 학대 등으로 자녀를 못 키우게 되는 경우, 미성년 자녀는 위탁 가정에 맡겨지기 때문이었다.

문제는 원가정 부모가 영어를 잘하지 못할 경우, 미취학 아동 자녀 역시 한국어밖에 못한다는 거였다. 그런데 한인 아동의 대부분이 외국인(비한인)의 가정으로 위탁되고 있었다. 캘리포니아 지역에 한인교회와 한인 교포가 많은데도, 한인 위탁 가정은 거의 없다고 했다.

취학 전인 작은 아이가 하루아침에 영문도 모른 채 부모와 떨어져 히스패닉계나 흑인 혹은 백인 등 인종과 문화와 언어가 다른 가정에서 지내야 한다면 어떤 결과가 생길까? 말도 안 통하고, 음식도 다르고, 피부 색깔과 문화도 다른 외국 가정에 위탁된 한 아

---

7 선진국 중 많은 나라가 보육 시설 대신, 아이를 가정에 위탁하는 위탁 보호 제도를 실행하고 있다. 미국도 그런 나라 중 하나다. 보육원이 없는 대신 위탁 대상 아동 대부분을 위탁 가정으로 보내는 '위탁 시스템'이 체계적으로 갖춰져 있다.

이가 외상 후 스트레스 장애(PTSD) 증상을 보였다는 건 당연한 일인지도 모른다.

한인 교포 아동의 위탁을 돕는 지인이 해준 얘기다.

"한번은 히스패닉 가정에 위탁된 아이를 만나러 갔는데, 아이가 힘이 전혀 없어 보였어요. 먹고 싶은 것이 있는지 묻자, 아이는 '김'이라고 짧게 대답했지요. 한인 마트에서 김과 즉석밥을 사줬더니, 아이가 맨밥을 김에 싸서 허겁지겁 먹었어요."

이 이야기를 듣고 마음이 아팠다. 잠잠히 기도하는데, 미국으로 유학 오기 전 내 기도 노트에 적어놓은 단어가 떠올랐다.

'장기 위탁.'

2005년, 내가 예은이를 입양했을 때 주변에서 많이들 물었다.

"입양하니 어때요?"

"나도 입양할 수 있을까요?"

나는 내심 입양 가정이 많아지길 기대하며 도움이 될 만한 얘기를 해주었다. 그런데 그 많은 가정 중 단 한 부부만 입양을 진행했다. 사람들이 관심은 많지만, 그것이 실제 입양으로 이어지지 않는 걸 보면서 생각했다.

'그래, 입양이 결코 쉬운 일은 아니지. 설령 내가 원하더라도 배우자가 원치 않을 수 있고, 혼자 할 수 있는 일이 아니기에 쉽지

않겠지.'

입양 또한 부모와 자식이 되는 한 방법이기에 이렇게 생각해 볼 수 있다. 자녀를 낳은 뒤 '건강하지 않다', '왠지 낯설다', '내 맘에 안 든다', '다른 가족들이 좋아하지 않는다' 등의 이유로 병원에 다시 데려다주는 부모가 있을까! 아이는 반품할 수 있는 물건이 아니다. 어떤 이유에서든 '파양'은 내가 낳은 자녀를 유기하는 것과 똑같은 일이다. 그래서 입양 결정은 신중할 필요가 있다는 말에 동의한다.

하지만 갈수록 늘어나는, 부모가 필요한 아이들, 일대일의 돌봄을 받아야 할 아이들은 어떻게 해야 할까? '장기 위탁'은 이를 깊이 고민하던 시기에 뇌리를 스친 한 단어였다.

우리나라의 위탁은 외국과 달리 입양이 정해진 아이를 한시적으로 돌봐주는 형태가 일반적인데, 나는 이 개념이 조금 확장되기를 꿈꾸었다.

'시설에 수용된 아이를 한 가정에서 한 명씩 맡아 장기 위탁을 하며 돌봐주면 어떨까? 일대일 돌봄이 절실하게 필요한 아이를 가정에서 양육하되, 위탁은 성인이 되면 독립시킬 수 있으니, 무한 책임에서 벗어나 부담을 덜 수 있지 않을까? 아이도 위탁부모를 은사나 멘토처럼 의지하고, 중요한 순간마다 상의할 수 있으니 얼마나 든든할까!'

그래서 기도 노트에 '장기 위탁'이라 적고는 그날부터 위탁의 비전을 놓고 기도했다. 그러다 미국에 왔는데, 어느 날 관련 종사자들이 하나둘 내 앞에 나타나기 시작한 것이다. 덕분에 나는 미국에서 위탁 관련 교육도 이수하며 미국의 위탁 시스템을 배울 수 있었다.

기도 제목 한 줄도 지나치지 않으시고 '위탁'을 제대로 경험할 수 있는 곳으로 인도하신 하나님의 섬세한 도우심을 온몸으로 느끼는 나날이었다. 그리고 고아를 돌보라고 여러 차례 말씀하신 하나님께서 이 일을 얼마나 원하시는지 알 수 있었다.

그제야 알았다. 이것이 내 사명과 맞닿아 있음을.

나를 능하게 하신 그리스도 예수
우리 주께 내가 감사함은
나를 충성되이 여겨
내게 직분을 맡기심이니

딤전 1:12

장기 위탁 2

요즘 새롭게 떠오른 장기 위탁 아이디어가 있다. 장기 위탁은 기도 노트에 적어놓은 기도 제목이기에 아이디어조차 응답이라고 생각한다. 그리고 이루어질 날도 속히 오리라 믿는다.

　보육원에서는 아이가 감기에 걸리면 재빨리 항생제를 먹인다. 조그만 아이에게 무조건 항생제를 먹여야 하는 게 안타깝지만, 그럴 수밖에 없는 상황이 이해는 된다. 자칫 병을 키울 수 있고, 다른 아이가 옮을 수도 있기에 초반에 센 약을 먹이는 것이다.
　한번은 다섯 살 아이와 나들이를 나갔다. 보육사 선생님이 아이에게 먹여야 하는 감기약을 주었다. 점심으로 아이가 원하던 피자를 먹는데, 누런 코가 꽉 막혀 음식을 먹는 내내 아이는 컥컥댔다. 가슴이 아팠다. 감기가 나을 때까지만이라도 집에서 돌보고 싶은 마음이 가득했다. 미취학 때만이라도 아이가 가정에서 일대일 돌봄을 받을 수 있다면 얼마나 좋을까!

　내 주위에도 위탁을 희망하는 이들이 있다. 그런데 하나같이 '언제까지 해야 하나'라는 질문 앞에서 머뭇거린다. 아이를 평생 책임져야 한다는 부담으로 선뜻 나서지 못하는 것 같다. 하지만 위탁 가정은 부모라기보다는 이모, 삼촌 같은 친척의 입장이다. 그러니 지나친 부담을 버려도 된다.
　부담에서 벗어날 방법이 뭐가 있을까 궁리하다 떠오른 아이디어가 있다.
　'위탁 기간을 아이의 초등학교 입학 전까지로 정해놓으면?'

아이가 애착과 인격 형성의 황금기에 일대일 돌봄과 관심을 충분히 받고, 학령기 이후에는 보육원에서 지내는 거다.

이 말을 들으면 바로 "아우, 말도 안 돼. 그렇게 키우다 어떻게 보내요!"라고 할지 모른다. 그렇다. 정이 들어 보육원으로 돌려보내는 건 결코 쉬운 일이 아니다. 그 상황이 되면 입양이 답이지만, 입양하기 어려운 가정도 많을 테니 위탁 기간을 일 년씩 연장하는 것도 방법일 수 있다. 그러다 보면 자연스럽게 '장기 위탁'의 형태로 발전할 수 있다.

배 아파 낳은 내 자식도 조기유학을 보내는 시대다. 아이가 고학년이 되면 기숙사 학교에 가듯 보육원에 돌아가고, 그때부터는 연계 가정의 형태로 만나면 된다. 일주일에 한 번, 아니, 한 달에 한 번만 만남을 이어가도 아이가 자립 준비 청년이 되어 퇴소할 때, 외롭고 두려운 마음이 훨씬 덜 할 수 있다. 어릴 때 자신을 키워준 가까운 사람들이 있기에, 그는 홀로 서야 하는 세상 속에서 더 이상 혼자가 아니다.

한인 아동 위탁은 한인이

간절한 마음은 늘 새로운 인연을 만든다. 한인 아동 위탁에 대한 마음을 품고 지내던 어느 날, '한인가정상담소'(KFAM)[8]라는 단체를 알게 됐다. 상담 등 다양한 방법으로 어려움을 겪는 한인 가정을 돕는 단체로, '한인 위탁 아동은 한인 가정이 돌봐주세요'라는 슬로건을 내걸고 한인 위탁을 독려하고 있다고 했다.

지체할 이유가 없었다. 나는 담당자의 연락처를 수소문해서 무작정 전화를 걸었다.

"안녕하세요? 저는 한국에서 온 배우 신애라라고 합니다. 제가 위탁에 관심이 많아서 뭐라도 도울 일이 있을까 전화했어요."

일면식도 없고, 어떤 분인지도 모르는 사람에게 불쑥 전화하는 게 쉬운 일은 아니었다. 하지만 하나님이 주시는 마음이기에 용기를 냈다. 전화를 받은 사람은 재미교포 1.5세로, 남편이 목사인 사모님이었다. 뜻하지 않은 전화가 당황스러울 수도 있는데, 사모님은 따뜻하게 받아주셨다. 약속을 정하고 만나서 얘기를 나누는데 강한 감동이 일었다.

배우면 배울수록, 사정을 알면 알수록, 위탁은 가정에서 자라지 못하는 아이에게 입양의 훌륭한 차선책이 될 수 있다는 확신이 들었다.

'한인교회에 가서 위탁의 필요성을 전하고 독려해야겠다. 하나님은 내가 이 얘기를 하길 원하셨구나.'

---

8 Korean American Family Services

사실 그동안 미국 내 한인교회 여기저기서 간증 집회 초청을 받았다. 하지만 난 간증이라고 할 만한 얘기가 딱히 없다. 질병이 나았거나 사업이 바닥을 쳤다 살아났거나 하는 극적인 간증 거리 말이다. 그래서 나중에 하겠다고 미뤘는데, 드디어 하나님이 전할 말을 주신 거다.

나는 사모님에게 제안했다.

"저와 한인 위탁 가정을 모아보면 어떨까요?"

사모님은 흔쾌히 동의했고, 나는 그간 초청받았던 교회에 가서 메시지를 전하기 시작했다. 하나님을 만난 이야기, 입양 이야기를 잠깐 나눈 후, 본론으로 미국 내 한인 아동의 외국 가정 위탁 실정과 한인 위탁 가정의 필요성에 대해 힘주어 말했다. 집회에 참여한 성도들은 이전의 나처럼 그런 상황을 전혀 모르고 있었다. 아이들의 딱한 사정을 들으며 눈물 흘리는 분도 많았다.

그 후 약 사 년 반 동안 미국 전역과 캐나다, 과테말라, 멕시코 등의 한인교회를 방문해 메시지를 전했다. 미국인조차 갈 기회가 많지 않다는 오클라호마까지 갈 정도로, 불러주는 곳이면 어디든 달려갔다. 때로는 간증도 하고, 학교에서 공부한 성경적 부모 교육 등 여러 내용을 전하며, 위탁의 유익과 필요성에 대해서는 빼놓지 않고 강조했다.

주최 측에서 사례비가 담긴 봉투를 건네곤 했는데, 나는 받지 않았다. 입양과 위탁에 대해 알릴 기회가 생긴 것이 이미 충분한

'사례'였기 때문이다. 그런데도 굳이 주면 도움이 필요한 곳으로 연결하거나 전달했다.

한국으로 돌아올 시기가 가까웠을 때는 아이들도 동행했다. 우리는 집회 전후로 하루 정도 더 머물며 그 지역을 여행하고, 기대하지도 않았던 행복한 추억을 쌓았다. 감사가 넘쳤다.

"와, 하나님께서 우리에게 어떻게 이런 선물까지 주실까! 집회만 해도 순종하고 감사해야 하는데, 이렇게 보너스까지 주시네!"

실제로 하나님은 보너스를 완벽하게 주셨다.

미국 국내선은 연착이나 결항 같은 항공 사고가 잦기로 유명하다. 학교에 출석해야 하는 나는 집회 일정을 빠듯하게 잡을 수밖에 없었다. 연착이라도 되면 교회와의 약속을 못 지켜 큰 곤란에 빠질 수도 있는 상황이었다. 하지만 혼자 가든 아이들과 함께하든 몇십 번의 강의 일정 중에 단 한 번도 그런 일이 없었다.

한번은 다른 가정과 함께 가족여행을 갔는데, 비행기가 연착돼서 공항 의자에 쭈그리고 앉아 잠을 청해야 했다.

'아, 정말 연착이 되기도 하는구나.'

그날 비행기 연착을 처음 경험하며, 그동안 세밀하게 개입해 주시고 안전하게 보호해 주신 하나님을 찬양했다.

내가 네게 명령한 것이 아니냐

강하고 담대하라

두려워하지 말며 놀라지 말라

네가 어디로 가든지

네 하나님 여호와가 너와 함께하느니라

수 1:9

여호와의 천사가

주를 경외하는 자를 둘러 진 치고

그들을 건지시는도다

시 34:7

미국에 있는 동안 주일에는 어바인의 한인교회 '베델교회'에 출석해 예배를 드렸다. 그곳에는 입양 가족, 위탁 희망자 그리고 고아를 돕고 싶어 하는 사람이 많았다. 그들과 함께 김한요 담임목사님의 지지를 받아 '입양위탁 공동체'를 만들었다.

2023년 여름, 그 공동체는 한국의 보육원과 연계하여 세 명의 어린이를 맞이했다. 아이들은 일주일 동안 미국을 경험했고, 가정을 경험했다. 그리고 무엇보다 여름성경학교를 통해 예배를 경험했다. 그걸 통해 육신의 아버지가 없는 아이들이 자신에게 진짜 아버지가 계심을 알게 되기를, 하나님 아버지의 조건 없고 영원히 변함없는 그 크신 사랑을 알게 되기를 기도했다.

하나님은 베델교회 입양위탁 공동체를 향해 품으셨던 크신 계획을 몇 년이 지나 그렇게 보여주셨다.

> 그의 거룩한 처소에 계신 하나님은
> 고아의 아버지시며
>
> 시 68:5

> 누구든지 내 이름으로 이런 어린아이를 영접하면
> 곧 나를 영접함이요
> 또 누구든지 나를 영접하면
> 곧 나를 보내신 이를 영접함이라
> 너희 모든 사람 중에 가장 작은 그가 큰 자니라
>
> 눅 9:48

미국에도 편견이

우리의 당당했던 공개입양의 길도 평탄하지만은 않았다. 특히 두 딸은 새로운 환경에서 편견의 벽을 맞닥뜨려야 했다. 입양의 편견은 인종이나 국적을 가리지 않았다.

예은이가 초등학교 사 학년 때의 일이다. 어느 날 학교에서 돌아온 아이가 말했다.

"엄마, 이상해. 내가 입양됐다고 말했더니 어떤 백인 친구가 슬픈 표정으로 'I am sorry'래. 그게 왜 'I am sorry' 할 일일까?"

신학기를 맞아 학부모 면담이 있는 날이면 자신의 입양 얘기를 선생님에게 꼭 하라고 신신당부하며 입양을 자랑스러워하던 예은이였다. 그런 아이에게 친구의 반응은 매우 생소하고 당황스러웠을 거다.

예은이는 입양에 대해 우리와 다르게 생각하는 사람도 있다는 걸 서서히 알게 되었다. 나 역시 입양이 우리나라보다 훨씬 보편화된 미국에도 이런 인식이 남아있다는 게 놀랍고 안타까웠다.

"예은아, 넌 입양돼서 좋아? 안 좋아?"

"난 좋아."

"엄마도 너무 좋거든. 그런데 입양되면 좋지 않을 거로 생각하는 사람도 있고, 실제로 행복하지 않은 아이도 있는 것 같아. 그런데 그건 입양 때문이 아니야. 좋은 부모 밑에서 태어날 수도 있고, 그렇지 않은 집에서 태어날 수도 있잖아. 마찬가지로 좋은 가정에 입양될 수도 있고, 그렇지 않은 가정에 갈 수도 있는 거지. 어떤 사람들은 우리처럼 행복한 가정을 못 보고 안 좋은 경우만 보고 들어서, 입양 자체를 안 좋게 생각하는 것 같아."

예은이는 가만히 고개를 끄덕였다. 나는 아이와 이런 얘기를 솔직하게 할 수 있어서 감사했다.

막내 예진이는 또 다른 경험을 했다.

초등학교 삼 학년 무렵, 찬양 모임에 갔다 돌아온 아이가 종일 힘이 없고 우울해 보였다.

"예진아, 왜 그래? 속상한 일 있었어?"

내가 묻자, 예진이가 갑자기 눈물을 터뜨렸다.

"친구가 나쁜 말을 했어."

"뭐라고 했는데?"

"엄마가 날 주워 왔기 때문에 내가 더러운 애래."

예진이에게 그렇게 말한 친구는 재미 교포 여자아이였다. 심지어 그 애 부모는 교회에 열심히 다니는, 나도 아는 사람이었다. 그들이 아이에게 그런 말을 했을 거라고는 상상할 수도 없었다. 아이는 어디서 그런 말을 들었을까? 어떤 어른이 아이에게 그런 말을 했을까? 그 사람은 대체 어떤 사고를 갖고 사는 걸까?

나는 무척 놀랐고 기분이 상했다. 하지만 예진이 앞에서는 침착한 척, 별일 아니라는 듯 말했다.

"예진아, 그 친구는 '입양'을 너무 모른다. 미안하지만, 그 부분에 있어서는 무식하네. 걔가 나빠서 그러는 게 아니라 몰라서 그래. 다음에 엄마한테 그 친구를 인사시켜 줘. 엄마가 입양에 대해 제대로 알려줄게."

예진이는 서러웠을 거다. 억울했을 거다. 생전 처음 들어보는 모욕적인 말에 얼마나 속상했을까!

뒤늦게 이 이야기를 들은 남편은 그 친구 부모에게 주의를 줘야 한다고 했지만, 나는 만류했다. 그 아이는 아무것도 모르는 상태에서 잘못된 정보를 먼저 들은 거니, 그 정보가 고착되기 전에 수정해 주면 될 일이었다.

며칠 후, 예진이가 모임에서 한 아이를 가리키며 내게 말했다.

"엄마, 애야! 그때 내가 얘기했던 애!"

나는 아이에게 활짝 웃으며 말했다.

"안녕, ○○야, 네가 입양에 대해 잘 모른다며? 아줌마가 자세히 알려줄게. 궁금하면 언제든지 얘기해."

○○이는 "네"라고 대답하곤 자리를 떠났다. 옆에 있던 예진이가 만족스러운 표정으로 나를 보며 웃었다.

그날 오후, 예진이에게 물었다.

"예진아, 그 친구가 뭐래?"

"응, 엄마한테 왜 그 말을 했냐면서 미안해하는 것 같았어. 헤헤."

그 일 이후 예진이가 울며 집에 돌아오는 일은 다시 없었다.

편견을 피해 숨거나, 분에 차서 돌 던지지 않고, 당당히 맞서 설명할 때, 그 편견은 힘을 잃는다. 예진이는 다행히 엄마가 곁에 있어서 그런 이치를 경험할 수 있었다.

하지만 엄마가 없는 아이는 이럴 때 어떻게 대처할 수 있을까? 너는 버려진 아이라고, 그래서 더럽다고, 기만과 편견에 가득 찬

손가락질을 받을 때, 울며 달려가 안길 엄마가 없고 바람막이가 되어줄 부모가 없는 시설의 아이. 그들은 단 한마디라도 자신을 위해 항변을 할 수 있을까? 대꾸 한마디 못 하고 눈물과 아픔을 삼킬 아이들을 생각하니 마음이 아리다.

내가 우리 집에 온 날

부러질 듯 가느다란 묘목이 굵은 나무로 자라 풍성한 열매를 맺듯, 갓난아기였던 딸들은 어느덧 엄마의 일을 이해하고 도와주는 동역자로 자라고 있다.

> 보라 자식들은 여호와의 기업이요
> 태의 열매는 그의 상급이로다
>
> 시 127:3

미국에 있을 때, 예은이의 깊은 마음이 담긴 편지 한 통을 받았다. 딸이 초등학교 오 학년이던 어느 날, 특별한 날도 아닌데 아이가 내게 봉투를 건넸다. 열어보니 긴 편지였다. 내가 물었다.

"오늘 엄마 생일도 아니고, 어버이날도 아닌데 웬 편지를 다 썼어? 그것도 엄마가 제일로 좋아하는 긴 편지를?"

예은이가 답했다.

"엄마, 오늘은 내가 우리 집에 온 날이야."

그랬다. 12월 27일, 이날은 예은이가 우리 집에 처음 온 날이다. 나는 아이의 생일만 챙기고, 그날은 잊고 있었다. 하지만 예은이는 달랐다.

딸들은 어릴 적 앨범을 보며 설명 듣는 걸 좋아했다.

"예은아, 이날이 네가 우리 집에 온 첫날이야. 외할아버지가 제일 먼저 달려와 축하해 주셨어."

예은이는 사진 아래에 적힌 날짜를 보고 기억한 모양이었다.

"나한테는 이날이 너무너무 중요해."

맞다. 아이가 처음 가족의 품에 안긴 그날이 아이 인생에서는 세상이 바뀌고, 우주가 생기는 기점이었을 거다. 그날을 소중히 기억하며 편지를 써 내려갔을 걸 생각하니 뭉클했다.

예은이를 품에 안고 장문의 편지를 읽는데 한 문장 한 문장이 가슴에 새겨졌다. 특히 자기한테 입양 사실을 빨리 알려주어 고맙다는 문장에서 눈이 멈췄다. 아이가 세상의 시선과 편견에 상처받지 않기를 바라며 수없이 고민하고 기도했던 눈물의 시간이 머릿속을 스쳐 지나갔다. 아이가 고맙다면 그걸로 됐다. 더없이 행복했다. 눈물을 흘리는 나를 보고 딸들도 눈물을 흘렸다. 우리는 서로를 꼭 끌어안고 엉엉 울었다. 기쁨과 감사의 눈물이었다.

이후 한국에 잠깐 나왔을 때 〈미운 우리 새끼〉라는 프로그램에서 예은이의 편지 얘기를 했는데, 미국으로 돌아간 어느 날, 한 출판사에서 연락이 왔다. 그 편지를 그림책으로 출간하자는 제안이었다. 나는 먼저 작가에게 이야기했다. 당시는 예은이가 부쩍 경제에 관심을 보일 때였다.

계약금이 있고 그건 예은이 통장에 넣을 거라고 하자, 아이는 신나서 허락했고 남편도 동의했다. 그렇게 예은이의 편지 뒤에 내가 쓴 답장을 나란히 이어 붙여 그림책 《내가 우리 집에 온 날》이 출간되었다.

생각은 소망으로, 소망은 사명으로

2019년에 나는 쉰 살을 맞았다. 미국에서 오 년 반을 지내며 기독교 상담학 석사과정을 마쳤고, 가정 사역 박사를 수료했다. 일이 년 정도 예상했던 기간은 그렇게 늘어났고, 생각지도 않은 과정까지 밟게 되었다. 하지만 학위를 위한 공부가 아니었기에 박사 학위는 포기했다. 사실 논문을 쓰느라 수년을 더 투자할 자신이 없었다. 아쉬워하는 교수님들을 뒤로하고, 논문 제안만 통과한 채 학위 취득은 내려놓았다.

공부를 통해 얻은 깨달음은 컸다. 심리학은 나를 알고 사람을 이해하는 학문이고, 상담학은 그렇게 알게 된 나와 타인이 잘 관계 맺을 수 있도록 돕는 학문이다. 전문가뿐 아니라 외롭고 힘들게 살아가는 사람에게 많은 도움을 줄 수 있는 학문이라고 생각한다.

앞서 언급한 대로 공부하는 기간은 지나간 시간을 성찰하고, 지은 죄를 회개하고, 내가 얼마나 문제가 많은 사람인지를 알게 되는 소중한 기회였다. 많은 어려움의 원인이 '나'였다는 걸, 사랑하는 사람들이 나로 인해 힘들었겠다는 걸 깨달았다. 그리고 이러한 시간을 거치며 나 자신을 셀프 상담하는 능력도 기를 수 있었다. 무엇보다 하나님의 말씀과 사람의 기도 그리고 성령의 역사하심을 느낄 수 있는 기독교 상담학을 공부한 게 감사하다.

2019년 여름, 나는 더 이상 원하는 게 없을 만큼 하나님 안에서 평안하고 매 순간 감사했다. 캘리포니아의 햇볕은 충만했고 공기는 신선했다. 유학 초기, 하루를 가득 채웠던 낯섦과 생소함, 불편함과 불안함은 온데간데없었다. 오직 편안하고, 익숙하고, 자유로운 하루하루가 이어졌다.

그러던 어느 날, 중학생이 된 예은이가 말했다.

"엄마, 나 어제 종일 울었어."

"왜? 왜 울었어?"

"교회에서, 너무 슬펐어."

"왜?"

"복지원에 있을 때, 내 옆에 다른 애들도 많았다고 했잖아. 걔들이 내가 됐을 수도 있었잖아. 나만 입양돼서 갑자기 미안한 생각이 들었어. 정말 미안해."

예은이는 눈물을 흘렸다. 아이를 꼭 안아주며 나도 울었다. 예은이가 대견하고 고마워서 울었고, 예은이 옆에 누워있던 아이들이 생각나서 울었다.

사실 나도 예은이와 비슷한 생각을 하고 있던 터였다. 아니, 생각이라기보다는 어디서 왔는지, 누가 보낸 건지 모르는 부담감이었다. 하루가 다르게 커가는 아이들의 사랑스러운 모습을 보면서 그 부담은 더욱 커졌다.

'우리 딸들 옆에 누워있던 아기들도 이만큼 컸겠다. 잘 있을까?'

나는 그때만 해도, 하나님께서 내게 허락하신 우리 아이들만 잘 키워내면 된다고 생각했다. 세 아이를 잘 먹이고, 잘 가르쳐서 말씀대로 키우려 노력하면 부모로서 할 바를 다 하는 거라고.

아이들을 언론에 공개하는 것도 원치 않았다. 특히 딸들의 경우 공개입양을 하긴 했지만 불필요하게 주목을 받아 사람들 입에 오르내리고 싶지 않았다. 대중 연예인으로서 밝혀야 하는 것 외에는 잘 가려서 아이들의 생활을 보호하며 편안하고 자유롭게 키우고 싶었다.

그러다 보니 입양을 위해 뭔가 일을 한다거나, 더 많은 아이가 가정을 찾을 수 있도록 입양 홍보를 하는 등의 활동은 내 몫이라고 생각하지 않았다. 그래서 입양 관련 행사 참여나 홍보대사 제안을 정중히 거절하고, 오로지 내 아이들을 양육하는 데만 집중했다.

그렇게 십오 년을 살았는데, 결과적으로 나와 내 딸의 마음에는 같은 생각이 심겨 있었다.

여호와께서 사람의 걸음을 정하시고
그의 길을 기뻐하시나니

시 37:23

부르심

영국의 전 총리 마가렛 대처는 "생각을 조심하라"(Watch your thought)라는 말을 남겼다. 생각이 행동이 되고, 행동이 습관이 되고, 습관이 운명이 되기 때문이다.

여기서 'Watch'는 조심하라는 뜻도 있지만, 살펴보라는 뜻도 된다. 나는 내 생각을 살펴보았다. 내 생각이라는 껍질 속에 씨앗이 들어 있었다. 그것은 '일대일의 돌봄과 사랑을 받지 못하는 아이들을 돕고 싶다는 소망'이다.

나는 그 씨앗을 평생 품고 살아온 거다. 그런데 이 소망은 과연 누구의 것일까? 이를 이루려면 앞으로 어떻게 살아야 할까? 나는 스스로 질문했다.

그러던 어느 날, 하나님께서 답을 들려주셨다.

"주님, 축복된 입양을 하게 해주셔서 감사합니다. 우리 딸들을 낳아준 엄마들도 건강하고 평안히 지내게 해주세요."

여느 날처럼 기도하던 중, 불현듯 내 입에서 한마디가 더 흘러나왔다.

"주님, 우리 딸들과는 달리 입양되지 못한 아이가 많습니다. 그들이 어디에 있든 하나님께서 돌봐주세요. 그 수많은 아이를 보살펴 주세요."

곧이어 하나님의 음성이 마음속에 충만해졌다.

'애라야, 두 딸 덕에 행복하지? 이렇게 예쁜 아이들이 어떻게 내 품에 왔나 싶지? 그 아이들, 내가 너한테 맡긴 거란다.'

"맞아요, 눈에 넣어도 안 아플 소중한 아이들을 하나님이 주셨어요. 정말 행복해요. 감사합니다."

주님께 감사의 고백을 드린 그 순간, 또렷한 음성이 들렸다.

'그런데 너희만 행복하라고 내가 아이들을 준 것 같니?'

나는 말문이 막혔다. 내 울타리 안에서 우리 딸들만 곱게 키우려 했던 이기적인 마음을 들킨 것 같아 부끄러웠다. 다른 아이들이 눈에 밟혔지만 애써 외면하며 살아온 지난 세월이 파노라마처럼 지나갔다.

또다시 주님의 부드러운 음성이 들려왔다.

'주위를 둘러보렴. 네 말대로 예은이, 예진이처럼 행복해질 수 있는 아이가 정말 많단다. 넌 내게 그 아이들을 돌봐달라고, 보살펴 달라고 기도했지? 나는 이미 그렇게 하고 있단다. 너는 어떻게 할래?'

그제야 깨달았다.

내가 하나님께 드린 기도, "하나님, 그 아이들을 돌봐주세요. 보살펴 주세요"는 내가 하나님께 간구한 게 아니라, 그분이 내게 하신 말씀이라는 사실을. 하나님이 오래전부터 아니, 태초부터 그 아이들을 함께 돌보자고 나를 부르고 계셨다는 사실을.

하나님은 영원히 우리 하나님이시니

그가 우리를 죽을 때까지 인도하시리로다

시 48:14

눈물이 쏟아졌다.

"맞아요, 하나님! 저와 우리 딸들만 행복하라고 이 모든 상황을 허락하신 게 아니네요. 제 죄를 용서해 주시고, 보잘것없고 부족한 저를 선대하시고, 경험케 하시고, 훈련하신 이유가 분명히 있으셨네요. 자격 없는 저를 함께하자고 불러주셔서 감사합니다.

부르셨으니, 이제 순종하겠습니다. 그 아이들에 대한 애틋한 마음이 나의 재능임을 알게 해주셔서 감사합니다. 친히 함께하자고 불러주신 이 사역, 기쁘게 감당하겠습니다!"

하나님은 내 어린 시절을 통해 부모 없는 아이의 마음에 깊이 공감하게 하셨다. 그후로도 줄곧 가정이 없는 아이들에게 긍휼함을 품게 하셨고, 일대일 돌봄의 중요성을 깨닫게 하셨다. 내 삶의 굴곡들은 그분의 목적을 위해 나를 준비시키시는 과정이었고, 미국 유학은 전지훈련이자 인생 2막을 시작하기 전의 휴식 시간 그리고 변곡점이었던 셈이다.

나를 돌아본다는 건, 삶의 흔적들을 반추하며 '왜'라는 질문과 끝없이 대면하는 과정이다.

하나님께서는 왜 나를 연예인이 되게 하시고 이날까지 부족하지 않게 채워주셨을까?

왜 내 이름을 사람들에게 알리셨을까?

왜 나는 부모 없는 아이를 보면 가슴이 아플까?

왜 나는 그 아이가 좋은 가정에 입양되거나 위탁되어, 마땅히 받아야 할 사랑을 받으며 자라기를 이토록 바랄까?

이 질문들에 대한 답을 찾았다. 비로소 내가 걷고 있는 길 위에서 선명하고 정확한 표지판을 발견한 거다.

하나님은 우리 딸들뿐 아니라 세상의 모든 '지켜진 아이'를 품으라는 당신의 마음 한 조각을 내게 나눠주셨다. 그분이 주신 시간과 기회, 은혜, 음성이 말해준다. 이제는 하나님이 나눠주신 그 마음을 이루며 살고 싶다.

생각은 소망이 되고, 소망은 사명이 되었다. 돌봄 받지 못하는 아이들을 긍휼히 여기던 막연한 생각은 이들을 돕고 싶다는 소망이 되었고, 하나님의 음성을 듣는 순간, 여생을 바칠 사명이 되었다.

그날 기도 중에 들려온 하나님의 부르심에 나는 무릎을 꿇었다.

"하나님, 은혜 입은 자로서 이제 저는 하나님의 말씀을 따르겠습니다. 마땅히 받아야 할 사랑을 받지 못하고, 마땅히 누려야 할 권리를 누리지 못하는 아이의 입장이 되어 그들의 목소리를 내겠습니다. 제가 가진 힘과 시간, 정성과 노력을 쏟겠습니다."

하나님의 말씀을 듣고 지키는 자가
복이 있느니라

눅 11:28

새 마음에 새 사명을 담았다. 그리고 미국에서 오 년 반을 지내며 반백 살을 맞이한 나는 2019년 12월 28일, 아이들과 함께 귀국길에 올랐다.

'가고 싶은 길'로만 가며 살다가, 그때부터 '가야 하는 길'로 방향을 틀기 시작했다.

하나님 아버지 앞에서

정결하고 더러움이 없는 경건은

곧 고아와 과부를 그 환난 중에 돌보고

또 자기를 지켜

세속에 물들지 아니하는 그것이니라

약 1:27

아홉 번째 흔적

혼자가 아니라는 흔적

2023년 1월 14일
야나 아카데미
교회와 보육원의 매칭
You Are Not Alone

2023년 1월 14일

토요일 아침, 새벽부터 내리던 눈이 진눈깨비로 변했다.

오늘은 최근에 사단법인 등록을 마친 '야나'의 아카데미가 있는 날이다. 야나 아카데미는 보육 시설의 아이들을 직접 만나게 될 봉사자를 교육하는 세미나다.

앞서 말했듯, 나는 야나의 홍보대사를 맡고 있다. '야나'(yana)는 'You Are Not Alone'(너는 혼자가 아니야)의 머리글자로, 마땅히 누려야 할 권리를 누리지 못하고, 마땅히 받아야 할 사랑을 받지 못하는 아이들이 그 권리를 누리고, 사랑을 받을 수 있도록 돕는 단체다.

야나는 기부금 백 퍼센트를 아이들을 위해 사용한다. 홍보대사인 나를 비롯해 대표와 이사 등 임원진이 월급을 받지 않고, 오히려 기부금을 내며 운영비를 충당하고 있다. 이를 귀하게 여기고 운영비 기부에 참여하는 분들이 늘고 있어서 감사하다.

실무를 보는 직원은 최소한만 고용해 현재는 세 명이다. 이들은 박봉에도 불구하고 아이를 사랑하는 마음으로 여러 일을 기쁘게 감당하고 있다.

오전 아홉 시, 나와 남편은 택시를 불러 일원동으로 향했다. 목적지는 순전한교회. 우리 부부가 출석하는 교회이자, 야나 봉사자를 모집하는 아카데미에 문을 열어준 첫 번째 교회다. 이 교회를 시작으로 하나님께서 얼마나 많은 교회의 문을 여시어 고아 사역에 동참하게 하실지 사뭇 기대된다.

이미 두 번째 교회도 준비해 주셨다. 김병삼 담임목사님이 시무하시는 만나교회다. 김 목사님과는 그분의 저서《하나님의 숨결》 낭독을 위해 만났는데, 식사 중에 '야나'에 관한 이야기를 나누게 되었다. 그런데 목사님은 마치 이 일을 준비하고 있던 사람처럼 관심을 갖고 귀 기울여 주셨다. 고아 사역이야말로 교회가 해야 하는 일이라며 적극적으로 먼저 시작하겠다고도 하셨다.

김병삼 목사님은 왜 자신의 묵상 책 낭독을 내게 부탁하셨을까? 왜 우리는 식사까지 하게 되었을까? 왜 식사 도중에 고아 사역에 관해 이야기하게 되었을까? 왜 목사님은 예전부터 입양에 관심이 많으셨을까? 이 모든 '왜'에 대한 답이 그저 우연이라고 할 수 있을까?

삶에 일어나는 일들을 운이나 우연으로 보는 사람도 있고 하나님의 섭리, 계획, 뜻하심으로 보는 사람도 있다. 그 차이가 바로 '믿음'이리라.

잔뜩 찌푸린 하늘의 먹구름 사이로 햇살이 슬그머니 삐져나와 달리는 택시 창문에 부딪히며 반짝거렸다. 사단법인 '야나'를 준비한 지난 이 년여 시간이 파노라마처럼 흘러갔다.

미국에서 귀국 후 한 달 만인 2020년 1월, 중국에서 바이러스가 발생했다는 뉴스가 보도되었다. 전 세계를 팬데믹의 공포로 몰아넣은 코로나19의 시작이었다.

하루아침에 경제가 흔들리고, 수많은 사람이 해고되고, 모임이 사라지고, 익숙한 사회 지형이 바뀌던 2020년, 나는 세 개의 TV 프로그램에 출연하며 바쁜 시간을 보냈다. 드라마 〈청춘 기록〉과 예능 〈신박한 정리〉, 〈금쪽같은 내 새끼〉였다. 한창 왕성하게 활동하던 시절에도 동시에 세 프로그램을 해본 적이 없기에 몹시 이례적이었다. 처음에는 단순하게 생각했다.

'한국에 오니 다시 활동을 많이 하게 되네. 코로나 시국에 일할 수 있어 감사하다.'

유학 오 년 반의 공백기가 있었음에도 운 좋게 복귀했다고 여겼다. 그런데 그렇게 단순하게 생각할 게 아니었다. 나의 행보가 방송계의 속설에 역행했기 때문이다. 방송계에는 '석 달 이상 브라운 관에 모습을 비추지 않으면 다른 얼굴로 대체되고, 반년이면 잊히고, 일 년이 넘으면 다시 나오기 어렵다'라는 속설이 있다.

영어 속담 'Out of Sight, Out of Mind'(눈에서 멀어지면 마음에서도 멀어진다)처럼 연예인이 한동안 보이지 않으면, 대중의 마음이 떠난다는 거다. 실제로 잊히고 사라진 스타들이 활동하는 사람보다 훨씬 많은 걸 보면 어느 정도 일리 있는 얘기라고 생각한다.

따라서 오 년 넘게 한국과 연예계를 떠났던, 이제 오십 대 중반에 접어든 여자 연예인이 방송계로 복귀한다는 건 성공을 점칠 수 없는 막막한 일이었다. 하물며 기존 프로그램 제작도 중단되던 엄중한 코로나 시국에, 동시에 세 프로그램에 출연하게 된 것. 그리고 세 프로그램 모두 시청자의 관심과 사랑을 받았다는 것. 그 과정을 통해 대중에게 나의 얼굴과 이름을 다시 알릴 수 있었던 것. 이 모든 게 예삿일은 아니었다.

단순히 나 혼자 잘 먹고 잘살기 위함이 아닌 하나님의 목적을 위한 전초전이었다는 걸 나는 안다.

특히 지금까지 방송되고 있는 〈금쪽같은 내 새끼〉는 아이의 마음을 이해하고, 잘못된 상황을 회복시키는 교육 예능이다. 지난 사 년간 진행하면서 상처 입은 이백여 가정을 만났다. 그 과정에서 아이를 이해하고 공감하는 마음이 더 커졌고, 미국에서 공부한 것만큼이나 좋은 훈련을 받고 있다.

아이들을 향한 나의 관심과 사랑에 이해와 공감이 더해지면서, 경험, 지식, 재능, 관계가 한군데로 모이고 있다는 생각이 들었다.

내 삶이 드라마라면, 드라마의 총감독이 무언가 새 일을 하려는 조짐이 느껴졌다.

> 너희가 오른쪽으로 치우치든지 왼쪽으로 치우치든지
>
> 네 뒤에서 말소리가 네 귀에 들려 이르기를
>
> 이것이 바른길이니 너희는 이리로 가라 할 것이며

사 30:21

야나 아카데미

일원동에 도착한 우리는 오래된 상가에 들어섰다. 계단을 내려가 지하 일 층에 이르니 정면에 슈퍼마켓이 보였다. 토요일 오전이라 장 보는 사람들이 많았다. 복도를 따라 왼편으로 걸어가니 가판에 속옷을 진열해 놓고 파는 가게가 있고, 그 맞은편에 '순전한교회 사무실'이라 쓰인 간판이 보였다.

문을 열고 들어가니 이태재 담임목사님이 우리를 맞아주었다. 목사님은 우리에게 차를 대접한 후, 아카데미에 앞서 축복기도를 해주셨다. 나는 교인들에게 야나 자원봉사 교육을 할 수 있도록 기회를 주셔서 감사하다고 인사했다.

교회 사무실에서 나와 왼쪽으로 몇 걸음 가면 다목적실이 있는데 새벽예배나 세미나 등을 할 때 모이는 공간이었다(순전한교회는 주일에 예배 공간을 따로 빌려 예배를 드리고, 평일에는 이곳에서 모인다).

다목적실로 들어가니 야나 직원 두 명과 미국 야나에서 온 직원 한 명이 우리를 기다리고 있었다. 이분들이 아침 일찍 와서 테이블 위에 야나 소개서와 자원봉사 신청서 등을 비치해 두었다.

자원봉사자 교육은 꼭 필요하다. "봉사하는데 세미나까지 참석해야 하나", "선행(善行)에 군이 교육이 필요한가"라고 물을 수 있다. 이에 대한 답은 "꼭 필요하다"이다.

비단 자원봉사자뿐 아니라 부모도 '부모 교육'을 받아야 한다. 친부모건, 양부모건 꼭 필요하다고 생각한다. 〈금쪽같은 내 새끼〉에 출연하는 부모들을 보면, 존경의 마음마저 든다. 얼마나 거친 벼랑 끝에 섰으면 마지막 지푸라기를 잡듯 온갖 구설수와 부끄러움을 각오하고 용기를 냈을까. 자녀에 대한 부모의 사랑을 뼈저리게 느낄 수 있다.

그렇다. 자녀를 사랑하지 않아서 힘든 상황이 생기는 게 아니다. 오히려 너무 사랑해서, 잘못된 방향으로 사랑해서, 양육 과정에서 뭔가를 놓쳐서 어려움이 생기는 거다. 그렇기에 사랑만 가지고 부모 자격을 논할 순 없다.

준비 없이 부모가 되는 건 운전면허증 없이 운전하거나, 의사면허 없이 수술하는 것과 다름없다. 작은 일에도 자격증이 필요한 세상을 우리는 살아가고 있다. 그런데 한 사람의 생명을 책임지고 키워내는 중차대한 일에 아무 자격 없이 부모가 된다는 건 굉장히 위험하고 무서운 일이다. 그 결과, 우리는 종종 친부모 혹은 양부모가 아이를 학대했다는 가슴 아픈 뉴스를 접한다. 세상에서 가장 끔찍한 뉴스다. 절대로 일어나서는 안 될 일이다.

자녀 양육의 기본은 '사랑'과 '희생'이다. 이것은 학습을 통해 배우는 게 아니라 경험으로 자연스럽게 습득하는 거다. 그렇기에 부모로부터 받아보지 못한 사람이 자녀에게 제대로 전달하지 못하는 건 당연한 일이다. 만일 자신의 성장 환경이 열악했다면, 아기를 낳거나 입양하기 전에 양육법을 공부해서 먼저 부모의 자격을 갖춰야 한다.

아카데미 시작 시각인 오전 열 시가 가까워지자 교인들이 속속 모여들었다. 약 오십 명이 모였는데, 이십 대에서 오십 대 여성이 사십여 명, 그리고 남성이 십여 명이었다.

열 시 정각에 나는 청중 앞에 섰다.

"그의 거룩한 처소에 계신 하나님은 고아의 아버지시며 과부의 재판장이시라 하나님이 고독한 자들은 가족과 함께 살게 하시며."

야나의 근간이 되는 성경 말씀, 시편 68편 5,6절을 함께 읽으며 아카데미를 시작했다.

두 시간 반의 교육이 끝나면, 이들이 이 땅의 가정 없는 아이를 위해 함께 사역하는 동역자가 되기를 간절히 기도했다. 이 책의 독자들에게도 같은 소망을 품고 있다. 지금은 필자와 독자의 관계지만, 책을 덮고 나면 고아를 위해 함께 사역하는 동역자가 되기를 기도한다.

> 한 사람이면 패하겠거니와
> 두 사람이면 맞설 수 있나니
> 세 겹 줄은 쉽게 끊어지지 아니하느니라
>
> 전 4:12

오후 한 시 삼십 분, 아카데미를 마쳤다. 이전에는 지인 위주로 자원봉사자를 모집했기에, 교회 단위의 아카데미는 처음이었다. 나는 설레는 마음으로 첫걸음을 뗐다.

점심시간을 훌쩍 넘겨 끝났음에도, 교인들은 자리를 떠나지 않고 삼삼오오 모여 앞으로 어떤 방법으로 야나와 함께할지, 어떻게 도울지를 상의했다.

진눈깨비가 내리는 토요일 오전, 지하상가 한 귀퉁이에 모인 교인들. 생김새, 차림새가 다르듯 형편도 다 제각각일 것이다. 젊은 사람, 나이 든 사람, 넉넉한 사람, 그렇지 못한 사람, 사랑이 넘쳐 나눠주고픈 사람, 함께 봉사할 공동체가 필요한 사람 등등.

하나님께서 가정이 없는 아이들을 위해 이 한 명, 한 명을 친히 모으셨음이 느껴졌다. 서로 모르는 사람들이 한 번도 본 적 없는 아이들을 위해, 아무런 보상이 없는 일을 하기 위해 모였다. 오직 존귀한 이름, 유일한 이름, '하나님'이라는 이름으로.

세상의 기준으로 보면 이건 '기적'이다. 세상이 기적이라 부르는 것을 우리는 '하나님의 은혜'라고 부른다.

> 그때에 의인들은
> 자기 아버지 나라에서 해와 같이 빛나리라
>
> 마 13:43

하나님은 고아의 아버지, 과부의 재판장이시다. 성경은 고아와 과부, 나그네를 돌보라고 여러 차례 말씀한다. 그런데 하나님의 교회가 이들을 위해 아무 일도 하지 않는 건 반성할 일이다.

미국 새들백교회(Saddleback Church)에는 'Zero by 2020'이라는 구호를 만들어 캘리포니아 내 위탁을 활성화하고 교회를 통해 위탁 가정을 늘려 위탁 아동을 돌보자고 외치는 어니와 팻(Ernie & Pat Casarez) 부부가 있다. 그들이 교회를 찾아가 제일 먼저 하는 질문이 있다.

"이 교회는 고아와 과부와 나그네를 위해 어떤 활동을 하고 있나요?"

이 질문이 크게 와닿았다. 우리도 스스로 물어보면 좋겠다.

'나는, 우리 교회는, 고아와 과부와 나그네를 위해 무엇을 하고 있는가?'

인자가 아버지의 영광으로 그 천사들과 함께 오리니

그때에 각 사람이 행한 대로 갚으리라

마 16:27

교회와 보육원의 매칭

미국은 교회마다 초등성경캠프(VBS, Vacation Bible School)가 활성화되어 있다. 어떤 교회는 오 일간 아침부터 오후 다섯 시까지 열기도 하는데, 아이들이 이날을 기다리며 일 년을 보낸다 해도 과언이 아닐 정도로 재미있고 성대하게 열리는 연중행사다.

나는 생각했다.

'우리 보육원 아이들도 며칠 동안 미국에 가서 넓은 세상도 보고, 홈스테이를 통해 가정도 경험하고, 성경캠프에 참여해서 하나님을 알게 되면 얼마나 좋을까!'

놀랍게도 이 생각은 2023년 여름, 현실이 되었다. 미국의 베델교회, 털사한인교회, 트라이벨리교회 그리고 참빛교회가 야나를 통해 한국의 보육원 네 곳과 매칭이 되었다. 내 작은 상상이 실제로 이루어지다니! 하나님이 고아를 얼마나 사랑하시는지 다시금 느낄 수 있었다.

몇 년 전, 한인이 잘 가지 않는 오클라호마의 털사한인교회에서 강의한 것, 베델교회에서 입양위탁 공동체를 만든 것, 날 찾아온 미국 야나의 신순규 이사를 통해 참빛교회를 방문한 것 등등 나의 작은 순종으로 하나님은 귀한 동역자들을 만나게 하셨고, 협력하여 선을 이루게 하셨다.

하나님나라에서는 아무리 작은 씨앗 하나도 땅에 떨어져 썩는 법이 없다. 다 제때 발아하여 꽃을 피우고 열매를 맺는다. 주님이 가라시는 곳에 순종의 기쁨으로 나아갔던 내 걸음걸음이 예상치 못한 순간에 꽃피우는 걸 볼 때마다 감격스럽다.

나는 심었고 아볼로는 물을 주었으되

오직 하나님께서 자라나게 하셨나니

그런즉 심는 이나 물 주는 이는 아무것도 아니로되

오직 자라게 하시는 이는 하나님뿐이니라

고전 3:6,7

현재 국내에서는 순전한교회, 만나교회, 청연교회, 온누리교회 수원 캠퍼스가 야나를 통해 보육원과 연결되었다. 각 교회 안에 야나 공동체를 만들고 연결된 보육원과 연합하여 소풍, 나들이, 가정 연계 등 아이들을 위한 활동을 체계적으로 진행하고 있다. 나는 각 교회의 리더들과 야나 직원 두 명과 한 달에 한 번 줌을 통해 기도회를 하는데, 그들의 섬김 이야기를 듣다 보면 가슴이 벅차오른다. 나도 이런데 하나님은 어떠실까!

> 잘하였도다 착하고 충성된 종아
> 네가 적은 일에 충성하였으매
> 내가 많은 것을 네게 맡기리니
> 네 주인의 즐거움에 참여할지어다
>
> 마 25:21

우리나라에는 정말 많은 교회가 있다. 사람이 모여 사는 곳이면 어디서든 교회를 볼 수 있다. 저녁 무렵, 아파트 창밖이나, 달리는 자동차 차창 밖으로 불 밝힌 십자가를 쉽게 찾을 수 있다.

이 십자가들이 이 땅의 수많은 고아를 외면하지 않고 하나님이 바라보시는 작은 한 영혼을 품기를, 고아 같은 우리에게 친히 아버지가 되어주신 하나님의 조건 없고 변함없는 그 사랑을 전할 수 있기를, 이백오십여 개의 아동 보호 시설 수보다 수백 배 많은 교회가 말씀에 순종하여 그들과 함께하기를 기대하며 기다리고 기도한다.

너희 중에 있는 객과 고아와 과부가 함께

네 하나님 여호와께서

자기의 이름을 두시려고 택하신 곳에서

네 하나님 여호와 앞에서 즐거워할지니라

신 16:11

내가 진실로 너희에게 이르노니

너희가 여기 내 형제 중에

지극히 작은 자 하나에게 한 것이

곧 내게 한 것이니라

마 25:40

You Are Not Alone

하나님은 고아 사역을 하는 나에게 다양한 깨달음과 소중한 만남을 주신다. 그 단편적인 흔적들, '야나'의 흔적을 나누려고 한다.

흔적 하나

십여 년 전, 재미교포 황주 목사님과 신순규 이사가 주축이 되어 한국의 고아를 돕는 미국 야나(YANA Ministry)를 설립했다. 최근 한국에서도 이 년여의 준비기간을 거쳐 사단법인 야나가 설립됐다.

Carry and Keep

: 친생부모가 아이를 키울 수 있게 돕는 '한 부모 지원'

Adopt and Foster

: 아이가 가정에서 자랄 수 있게 돕는 '위탁, 입양 지원'

Raise and Provide

: 시설의 아이와 보육사가 건강하게 지내도록 돕는 '시설 지원'

Exit and Enter

: 시설 퇴소 청년을 돕는 '자립 청년 지원'

처음 고아 사역의 뜻을 품었을 때, 이미 비슷한 일을 하는 단체가 많음을 알았다. 그중에는 큰 단체가 있는가 하면, 영세한 단체도 있었다. 재단도 아니고 사단법인 허가도 받지 못한 단체는 목사나 사모, 대표가 몸소 발로 뛰면서 힘겹게 사역을 이어가고 있었다.

그래서 그런 단체를 알리며 동역하는 것도 야나 사역의 큰 줄기다. 현재는 크고 작은 단체 삼십여 곳을 '야나 파트너'로 지정해,

기부나 봉사 등 후원의 손길을 모아 아이들을 위한 프로젝트를 지원하며 협업하고 있다.

흔적 둘

보육원에서 퇴소한 자립 청년을 만나 이야기하다 보면, 그들의 상황을 뛰어넘기가 얼마나 어려운지 알게 된다. 그런데 그 환경을 뛰어넘어, 오히려 그것을 자신의 존재 의미로 생각하는 이들도 있다. 김성민 대표(브라더스키퍼)가 그중 한 사람이다.

김 대표도 보육원 출신이다. 그는 보육원에 살 때 형들에게 맞은 만큼 동생들을 때렸다고 한다. 그러던 어느 날, 하나님을 만나면서 폭력을 멈추었고, 성인이 되어 예배 가운데 '네 아우가 어디 있느냐?'(창 4:9)라는 주님의 음성을 듣고 사명을 깨달았다.

'하나님이 나를 고아로 만드신 이유가 있구나. 나의 형제를 지키고 돌보는 게 나의 일이구나.'

조윤환 대표와 이성남 장학사도 마찬가지다. 그들은 자신처럼 부모에게 유기되어 시설에서 자란 아동과 퇴소자를 살리는 일에 뛰어들었고, 그들의 상처 치유와 자립을 위해 다양한 정책 및 지원 사업을 벌이고 있다.

이들의 삶을 보며, 하나님 안에서의 '성공'의 의미를 다시 생각하게 되었다. 상처로만 남을 수 있는 일을 그분 안에서 해석하여 치유 받고, 나와 비슷한 누군가를 살리는 것. '왜 나한테만 이런 일이 일어났지? 왜 하필이면 나야?'에서 그치지 않고, '나와 같은 아픔을 가진 이를 어떻게 도울 수 있을까? 주님이 내게 바라시는 것은 무엇일까?'로 나아가는 것. 아픔과 상처를 달란트로 승화시키는 일, 그것이 바로 참된 성공이다.

흔적 셋

지금껏 가본 보육원 중에 환경이 가장 좋았던 곳은 '문경보육원'이다. 환경도 그렇지만, 이 보육원 덕에 근처 학교가 폐교되지 않았다고 한다. 전교생의 절반 이상이 이 보육원의 아이이기 때문이다. 그러니 학교에서 '문경 아이들'의 위상은 높을 수밖에 없다.

보육원 내부는 집처럼 꾸며져 있다. 바깥에는 소나무 숲과 나무로 된 놀이터도 있다. '나도 여기서 며칠 쉬고 싶다'라는 생각이 들 정도로 편안했다. 동네 아이들은 오히려 보육원 아이들에게 "너희 집에 놀러 가자"라고 말한단다. 가정도, 부모도 없는 아이들이 좋은 환경이라도 누릴 수 있어 감사했다. 그러면서 문득 생각했다.

'서울의 놀이 시설 하나 없는 조그만 보육원에서 지내는 작은 아이들을 지방의 이런 널찍한 보육원으로 보내면 어떨까?'

초등학교 저학년까지는 지방 보육원에서 자연을 벗 삼아 자유롭게 자랄 수 있다면, 반대로 서울의 보육원은 큰아이 위주로 특화하면 어떨까, 싶었다. 이렇게 연령에 따라 아이들을 나누면, 수

고로이 돌보고 관리하는 시설도, 선택과 집중이 수월해져 당면하고 있는 많은 어려움에서 벗어날 수 있지 않을까?

흔적 넷

한인 교포 중에는 입양을 소망하는 가정이 많다. 같은 민족인 한국 아이를 입양하고 싶어 하는 건 당연한 일이리라.

내가 미국에서 알던 지인도 한국 아이를 입양했다. 그런데 생후 삼 개월에 매칭이 된 아이는 오 세가 되어서야 비로소 미국에 갈 수 있었다.

입양 부모는 일을 하느라 한국에 나오기가 쉽지 않아, 연결된 아이를 일 년에 한 번 정도밖에 볼 수 없었다고 한다. 그나마도 어렵게 한국에 나와 입양을 위한 마지막 판결을 받으려는데 담당 판사가 휴가라 다음 달에 다시 오라는 통보를 받았단다.

입양으로 연결된 아이는 내가 낳은 아이와 다름 없다. 내 아이를 낳자마자 보지도 못하고 기약 없이 다른 가정에서 자라게 해야 한다면, 그 마음이 어떨까? 몇 년 동안 부모인 줄 알았던 위탁 가정 양육자와 생이별하는 아이의 마음은 또 어떨까?

현재 해외 입양은 '해외 입양 쿼터제'[9] 때문에 시간도 오래 걸리고, 과정도 복잡하다. 그러나 해외 입양에 다수의 한인 가정이 포

---

9 국내 입양이 성사되는 건수에 비례하여 해외 입양을 할당하는 제도

함되어 있다는 걸 고려해야 한다. 교포 대상의 해외 입양만큼은 유연하게 진행되기를 바란다.

흔적 다섯

우리나라는 아이가 입양을 가는 경우, 절차가 진행되는 동안 짧게는 몇 달, 길게는 몇 년을 위탁 가정에서 지내게 된다. 아이의 미래를 결정짓는 골든 타임을 부모가 아닌 다른 사람과 보내게 되는 거다. 아기가 유기되었을 때, 바로 입양을 갈 수 있다면 얼마나 좋을까. 절차만 조금 바뀐다면 어렵지 않은 일이라 본다.

지금은 입양 가정과 아이가 먼저 매칭이 되고, 그 후 오랜 기간 입양 절차를 밟는다. 법원에도 가야 한다. 물론 입양을 위해 절차를 제대로 밟는 건 굉장히 중요한 일이다. 그런데 순서를 바꿔서, 입양을 원하는 가정이 그 복잡하고 긴 과정을 미리 준비하고, 그 후 아이와 연결되면 어떨까. 법원 판결 등 마지막 며칠의 최종단계만 거치고 아기가 신생아일 때 가정으로 갈 수 있다면, 연장아 입양으로 생길 수 있는 어려움도 자연스럽게 해결되지 않을까.

어른을 위한 법이라면 어른에게, 장애인을 위한 법이라면 장애인에게, 어린이를 위한 법이라면 어린이에게 유익해야 한다. 마찬가지로 입양에 관한 모든 법과 절차의 최고 수혜자는 가정이 필요한 아이들이어야 한다. 부모의 욕구나 행정상의 편의가 아닌 아이의 유익 말이다.

아이에게 제일 큰 유익은 하루라도 빨리 자신에게 안전과 안정 그리고 일대일 돌봄을 줄 수 있는 가정을 만나는 거다. 어려서부터 일대일의 사랑과 관심을 받지 못하고 단체생활을 하며 자라는 건 아이에게 절대로 유익한 일이 아니다.

입양 부모도 각성해야 한다. 입양은 가정이 없는 아이에게 적합한 가정을 찾아주는 일이다. 부모의 욕구를 채우기 위해 가족 구성원을 늘리는 방법이 아니다. 그런데 입양할 때 아기의 조건을 따지는 부모도 있다. 그들은 같은 이유로 파양하기도 한다. 내 자식을 키우다가 유기하는 부모나 파양하는 부모나 똑같이 자격 없는 부모다. 자격 없는 부모들의 이야기가 자주 들려서 안타까울 뿐이다.

요즘은 시설에, 가정에서 지내다가 부모에 의해 맡겨진 아이가 많다. 얼마나 아픈 사연이 있으면 내 자식을 다른 사람에게 맡겼을까! 같은 부모로서 마음이 찢어진다. 그런데 도저히 이해가 안 되는 부모도 있다. 부득이하게 아이를 보육원에 맡겼으면 매일은 아니어도 일주일에 한 번 아니, 한 달에 한 번 아니, 적어도 일 년에 몇 번, 아이 생일이나 어린이날, 크리스마스, 명절 등에는 찾아가야 하는 것 아닐까!

그런데 어떤 부모는 십여 년간 연락이 없다가 아이가 퇴소할 때 나타나 국가에서 지원하는 자립정착금을 "엄마(아빠)가 맡아줄게” 하고는 돈을 갖고 사라진단다. 심지어는 아이의 정착금도 뺏고 “네가 이제 컸으니 날 돌봐야지” 하는 뻔뻔한 부모도 있단다. 그런 이유로 ‘부모가 갑자기 나타나면 만나지 마라’라는 슬픈 충고가 아이들 사이에 돈다고 한다.

아기 때 유기되면 입양의 기회라도 있는데, 가정에서 자라다 맡겨진 아이는 부모의 포기 각서가 없어서 입양도 못 가고 부모만 기다리다 퇴소일을 맞는다.

태어나서부터 한 번도 가정과 부모를 경험하지 못한 아이가 더 슬플까, 아니면 부모와 살다가 갑자기 시설에 맡겨져 혼자가 되는 아이가 더 슬플까? 누구도 가늠할 수 없는 일이다.

흔적 여섯

〈금쪽같은 내 새끼〉에서 모두가 가장 기다리는 시간이 있다. 바로 금쪽이의 속마음을 들어보는 순간이다. 자녀와 소통이 안 되고, 아이 속을 모르겠다던 부모는 이때 아이의 속마음을 들으며 눈물을 흘린다. ‘아이가 저런 생각을 할 줄 몰랐다’라는 게 공통 반응이다. 나도 마찬가지다.

‘세상에! 문제 행동만 하는 줄 알았는데, 저런 마음이었구나. 얼마나 힘들었을까!’

그러면서 보육원 아이들이 떠올라 더 울게 된다.

‘가정에서 자라지 못하는 아이의 마음은 누가 들어줄까? 아이

를 위해 누가 저렇게 울어줄까?'

자신의 마음을 물어봐 주거나 들어줄 사람도 없고, 말할 기회도 없을뿐더러, 표현할 줄도 모르는 아이들.

친생부모조차 아이의 마음을 못 읽는 경우가 많은데, 하물며 매일 교대하는 보육사 선생님이 어떻게 일대 다수를 보살피며 그 여린 마음을 하나하나 어루만져 주겠는가. 누군가와 마음을 나누고 진정 어린 공감을 받아본 적 없는 아이가 어떻게 건강한 내면을 가지고 자랄 수 있겠는가.

보육원 원장님이나 관계자가 말하길, 시설에 정신적으로 아픈 아이들이 계속 늘고 있다고 한다. 특히 학대 피해 아동은 전문적이고 꾸준한 상담과 치료가 반드시 필요하다. 하지만 경제적 여유가 없는 시설의 상황으로 아이들은 더 병들고 있다.

한번은 보육원에 갔는데, 한 아이가 계속해서 "아아악~" 하고 소리를 질렀다. 원장님과 보육사 선생님이 도와주려 했지만, 아이는 진정되지 않았다. 마음이 아팠다. 시설의 아이는 〈금쪽같은 내 새끼〉 같은 프로그램에 데리고 나와줄 부모가 없으니, 홀로 아픔을 감내하며 클 수밖에 없다.

나는 부모가 없는 아이에게, 비교할 수 없는 큰 사랑으로 품으시는 하나님, 진짜 아버지를 알려주고 싶다.

"하나님은 너희를 너무나 사랑하시고, 너희를 향한 선한 계획이 있으시며, 너희를 버리지 않고 영원히 사랑하신단다."

상심한 자들을 고치시며

그들의 상처를 싸매시는도다

그가 별들의 수효를 세시고

그것들을 다 이름대로 부르시는도다

시 147:3,4

내세울 것도, 이룬 것도, 자랑할 것도 없는 한 사람의 여정을 끝까지 애정 어린 눈으로 읽어주셔서 고맙습니다.

'들어가는 말'에서 언급한 대로 저를 향한 목적이 있으신 하나님의 이끄심을 찾아 제 삶의 흔적을 따라가 보았어요. 가물가물한 기억부터 엊그제 일까지, 마치 파노라마 사진을 보듯 제 인생이 지나갔네요.

하지만 저는 제 이야기를 쓴 게 아니라 하나님의 이야기를 썼습니다. 제 인생이라는 종이 위에 하나님이 그리신 그분의 이야기를요. 하나님이 하신 일을 요약해 보면 다음과 같아요.

• 어린 시절, 엄마를 기다리며 외롭게 자라게 하셨고, 그 외로운 마음에 부모 없이 자라는 아이에 대한 공감과 관심, 사랑을 심어 주셨습니다.

• 대학생이 되어 처음 봉사를 시작한 후, 지금까지 시설을 방문해 아이들을 만나게 하셨지요. 그러면서 아이가 마땅히 받아야 할 돌봄을 받을 수 있게 가정에서 자라길 바라는 소망을 주셨습니다. 그럴 수 없다면, 어떻게 해야 일대일의 사랑과 관심을 잠깐씩이라도 경험할 수 있을까, 하는 고민도 주셨지요.

• 남편 차인표 씨를 만나게 하셨고, 신혼 때 시작한 성경 공부를 통해 저를 '너는 내 것이라' 불러주셨습니다. 그리고 친정엄마가 투병 중에 추천한 책《목적이 이끄는 삶》을 통해, 저를 향한 하나님의 목적에 대해 기도하게 하셨고, 즉각 응답해 주셨습니다.

• 한국컴패션의 홍보대사가 되어 필리핀, 방글라데시, 에티오피아, 우간다, 아이티 등을 다니며 가난한 나라의 어린이를 보게 하셨고, 오십여 명의 아이를 후원하며 지난 이십여 년 동안 양육하게 하셨습니다.

• 하나님은 제게 아들뿐 아니라 입양을 통해 두 딸을 상급으로 주셨어요. 입양은 단연코 제 인생에서 가장 잘한 결정이고, 세 자

녀는 하나님이 제 삶에 부어주신 가장 큰 축복입니다.

- 마흔 중반에 미국으로 떠나 기독교 상담학과 가정 사역을 공부하게 하셨고, 그 기간 중 여러 입양 가족과 단체를 만나며 더 많은 아이가 좋은 가정에 입양되도록 돕는 일을 시작하게 하셨습니다. 또한 한인 위탁 가정을 모으기 위해 활동하며 입양의 차선책인 위탁에 대해서도 심도 있게 공부하게 하셨지요.

- 귀국 후 활발한 방송 활동을 통해, 대중에게 얼굴과 이름을 다시 알리게 하셨습니다. 그리고 〈금쪽같은 내 새끼〉를 통해 마음이 아픈 아이들을 만나고, 그들이 치유되는 현장을 함께하게 하셨지요.

- 지금은 사단법인 야나의 홍보대사로 세우셨습니다. 부모가 없거나, 부모로부터 유기된 아이를 돕는 일을 본격적으로 시작하게 하신 거지요.

저는 이 귀한 사역에 한국 교회와 크리스천들이 동참하기를 바라는 마음으로 생전 처음 책을 썼습니다. 아니네요, 이것 또한 하나님이 쓰게 하신 거네요.

저는 글재주가 없습니다. 살아온 날을 돌아보며 기록하는 시간이 때로는 부담스럽고, 때로는 힘에 부쳐서 그만두고 싶을 때도 많았습니다.

글을 쓰면서 〈우물가의 여인처럼〉이라는 찬양을 들었습니다. 어쩌면 우리는 모두 우물가에서 서성이는 여인인지도 모릅니다. 헛되고 헛된 것들을 구하는 우리에게 예수님이 말씀하시지요.

'이제 내게로 와서 생수를 마셔라.'

저는 찬양 가사로 화답합니다.

"주님, 제 잔을 높이 드니 하늘 양식으로 넘치도록 채워주소서."

누군가 제 마음을 어루만집니다. 목마른 영혼을 채워줍니다.

책을 쓰는 오랜 시간, 책상 앞에 앉아 같은 기도를 드렸습니다.

"하나님 아버지, 오늘도 글을 써보렵니다. 쓸 줄도 모르고, 아는 것도 없는 제게 동기와 용기를 주셨으니, 힘을 얻어 써보렵니다. 부디 제가 드러나지 않고, 하나님의 마음과 뜻만 온전히 전달되게 해주세요.

이 책을 읽는 분이 하나님의 사랑과 위로를 받아 고아를 향한 긍휼함을 품게 해주시고, 입양이나 위탁을 고민하는 가정이 용기를 얻어 옳은 결정을 내리게 도와주세요.

세상에 태어나는 아이가 친생부모와 자랄 수 있게 해주시고, 그럴 수 없는 아이는 바로 좋은 가정에 입양이나 위탁이 되어 시설에서 단체로 크지 않게 해주세요. 시설에서 자라는 아이는 나들이와 가정 연계를 통해 일대일 돌봄을 경험하게 해주시고, 보호가 종료되는 청년은 건강히 자립할 수 있게 지켜주세요.

이 일에 동참하는 사람이 많아지길, 돕는 모든 손길에 순종의 참 기쁨이 임하길 기도합니다. 하나님의 크신 사역에 함께하자 불러주시니 감사합니다.

예수님의 이름으로 기도드립니다. 아멘."

이제 '마지막 흔적'을 나누고 이야기를 끝맺으려 합니다. 그것은 변하지 않는 단 하나, 예수님을 만나는 것입니다.

제 마지막 달려갈 길을 마치고, 하나님이 부르실 때를 종종 생각합니다.

내가 하나님께 갑니다.

가족, 친구, 사랑하는 이들이 한자리에 모여 나를 배웅합니다. 울먹이며 찬송가를 부르는 그들의 목소리가 내 귓가에 울립니다. 익숙한 찬송이네요. 살아생전 내가 누군가를 떠나보낼 때 부르던 그 찬송이 오늘은 나를 위해 불립니다.

가족과 친구들이 많이 아파합니다. 내가 하늘나라로 가더라도 슬퍼하지 말라고, 나는 예수님을 만나러 먼저 가는 거라고, 거기서 다시 만나자고 말해왔지요. 하지만 이 땅에서 볼 수 없고, 만질 수 없고, 목소리를 들을 수 없는 이별의 슬픔은 어찌할 수 없이 남겨진 자의 몫인가 봅니다.

마지막 숨을 들이쉬고 호흡이 멈춥니다. 사람들은 일제히 울음을 터뜨립니다. 몇몇은 내 귓가에 "사랑한다", "고마웠다", "천국에서 다시 만나자"라며 흐느끼고, 몇몇은 잠잠히 기도합니다. 그렇게 나는 세상을 떠납니다.

그리고 눈을 뜹니다. 예수님이 앞에 계십니다. 그토록 보고 싶었던 그분께 무슨 말을 해야 할까요? 품에 안겨 사랑을 고백할까요? 아니면 기도 노트를 내보이며 궁금했던 질문을 쏟아 낼까요? 세상에서 이해되지 않던 아픔과 고통을 왜 허락하셨는지 여쭐까요? 아니면, 부모 없는 아이들을 더 돕지 못해 죄송한 마음일까요?

아니, 아무것도 묻지 않고, 아무 말도 할 수 없을 것 같아요. 해가 뜨면 세상의 다른 빛은 모두 빛을 잃듯 완전하신 예수님과 있으면 그 무엇도 필요치 않을 테니까요.

나는 더 이상 그 어떤 흔적도 필요 없습니다. 마침내 목적과 함께하게 되었으니까요. 목적이신 그분과 만나 나의 모든 흔적이 사라지는 것, 그것이 나의 마지막(나중)이자 시작(처음)입니다.

이와 같이 너희도 명령받은 것을
다 행한 후에 이르기를 우리는 무익한 종이라
우리가 하여야 할 일을 한 것뿐이라 할지니라

눅 17:10

이는 보좌 가운데에 계신 어린 양이
그들의 목자가 되사
생명수 샘으로 인도하시고
하나님께서 그들의 눈에서
모든 눈물을 씻어주실 것임이라

계 7:17

하나님, 그래서 그러셨군요!

초판 1쇄 발행	2024년 5월 8일
초판 10쇄 발행	2024년 11월 29일

지은이 　신애라

펴낸이 　여진구
책임편집 　김아진 정아혜
편집 　이영주 박소영 최현수 구주은 안수경 김도연
책임디자인 　조은혜 노지현 | 마영애
홍보·외서 　진효지
마케팅 　김상순 강성민　　　　마케팅지원 　최영배 정나영
제작 　조영석 허병용　　　　경영지원 　김혜경 김경희

303비전성경암송학교 유니게 과정
이슬비전도학교 / 303비전성경암송학교 / 303비전꿈나무장학회

펴낸곳 　규장

주소 　06770 서울시 서초구 매헌로 16길 20(양재2동) 규장선교센터
전화 02)578-0003　　팩스 02)578-7332
이메일 kyujang0691@gmail.com　　　　　　　홈페이지 www.kyujang.com
페이스북 facebook.com/kyujangbook　　　　인스타그램 instagram.com/kyujang_com
카카오스토리 story.kakao.com/kyujangbook
등록일 1978.8.14. 제1-22

ⓒ 저자와의 협약 아래 인지는 생략되었습니다.
이 출판물은 저작권법에 의해 보호를 받는 저작물이므로 무단 전재와 무단 복제를 할 수 없습니다.

책값 뒤표지에 있습니다.
ISBN 979-11-6504-525-8 03230

규 | 장 | 수 | 칙

1. 기도로 기획하고 기도로 제작한다.
2. 오직 그리스도의 성품을 사모하는 독자가 원하고 필요로 하는 책만을 출판한다.
3. 한 활자 한 문장에 온 정성을 쏟는다.
4. 성실과 정확을 생명으로 삼고 일한다.
5. 긍정적이며 적극적인 신앙과 신행일치에의 안내자의 사명을 다한다.
6. 충고와 조언을 항상 감사로 경청한다.
7. 지상목표는 문서선교에 있다.